W0386432

Table

Achevé d'imprimer en septembre 2021
sur les presses de
La Manufacture - Imprimeur – 52200 Langres
Tél. : (33) 325 845 892

N° imprimeur : 210889 - Dépôt légal : octobre 2021
Imprimé en France

CET OUVRAGE A ÉTÉ COMPOSÉ
PAR ATLANT'COMMUNICATION
AU BERNARD (VENDÉE).

VIVRE EN MORTEL

DU MÊME AUTEUR

La mort confisquée, CLD, Paris, 2002.

Guide Totus des obsèques, avec Philippe BAUDASSÉ, Éditions du Jubilé/Sarment, Paris, 2007.

Parcours d'adieux, chemins de vie. Suivi d'une lettre de François Cheng, Salvator, Paris, 2016.

Christian de Cacqueray

Vivre en mortel

Préface de Marie de Hennezel

SALVATOR

© **Éditions Salvator, 2021**
Yves Briend Éditeur, SA
103 rue Notre-Dame-des-Champs F-75006 Paris
www.editions-salvator.com
contact@editions-salvator.com

Maquette intérieure : Atlant'Communication
Maquette couverture : Sylvain Collet

ISBN : 978-2-7067-2156-4

Tous droits réservés pour tous pays

Aux assistants funéraires, porteurs, fossoyeurs, thanatopracteurs, serviteurs de l'ombre qui sont des gardiens de l'infinie dignité de l'être humain.

À Jean-Louis, Bernard, Charles et Anne

Préface

Ce témoignage de Christian de Cacqueray, un homme qui a consacré sa carrière professionnelle au rituel funéraire, arrive à point nommé. Les mois que nous venons de vivre, avec la crise sanitaire de la covid 19, ont révélé la pauvreté de notre rapport à la mort qui n'a plus sa place dans nos vies. Ils ont mis en évidence le caractère thanatophobe et mortifère de notre société. Jamais peut-être nous n'avions réalisé à quel point nous avons peur de la mort, et combien cette angoisse collective, qu'aucune méditation spirituelle sur notre finitude ne vient apaiser, génère des conduites et des comportements qualifiés d'inhumains.

Sous-estimant l'importance des rites immémoriaux qui, depuis la nuit des temps, lient les vivants et les morts, nos responsables ont imposé des mesures qui ont désespéré les mourants, fragilisé les vivants, imposé aux professionnels de santé et du funéraire des conduites indignes, condamné les endeuillés à des chagrins d'une gravité sans précédent.

En restreignant la ritualité funéraire, nous dit Christian de Cacqueray, « jusqu'à laisser entendre qu'elle est interdite», on ampute «l'être de ce qui fonde son humanité».

Cette situation a sans doute décidé notre auteur à nous livrer sa propre méditation devant la mort, devant ce que notre société «exècre le plus», qu'il qualifie pourtant de finitude heureuse, et les raisons de son engagement dans un métier, peu envié, qui suscite au mieux commisération ou moqueries, où l'on côtoie quotidiennement ceux qui sont blessés par elle.

Cette phrase qu'il nous offre en conclusion résume à elle seule la clé de cet engagement: «Après trente années d'engagement dans les pompes funèbres, je pense que le plus beau cadeau que j'ai reçu, c'est un appel à choisir la vie, l'urgence de vivre.»

Un cadeau, dit-il. Le lecteur pourrait se demander si ce n'est pas exagéré. Pourtant, c'est bien cet appel à la vie, à l'amour, à l'émerveillement, à la joie profonde dont témoignent tous ceux qui approchent la mort, qu'ils soient mourants ou qu'ils accompagnent un mourant. Un vrai paradoxe, dont j'ai voulu rendre compte moi-même en écrivant *La mort intime*, il y a plus de vingt-cinq ans. Un paradoxe dont témoignent quelques-uns de nos contemporains proches de la mort, Axel Kahn et Edgar Morin. Plus ils se rapprochent de la mort, plus la vie leur semble un bien infiniment précieux.

«Élargir et enrichir leur vie est un objectif auquel tous nos contemporains aspirent. Mais combien conditionnent l'atteinte de ce bel objectif au fait de se vivre en mortel?» se demande Christian.

Les pages que vous lirez sont un témoignage très intime, très personnel, du questionnement spirituel de l'auteur, de son propre cheminement pour s'ancrer intérieurement dans une densité existentielle inconnue jusque-là. Se livrer ainsi honore notre confiance.

J'ai ainsi découvert ce qu'étaient les *Exercices* de saint Ignace ainsi que cette manière de dialoguer avec les Évangiles, et de méditer les paroles et les gestes du Christ, confronté à la mort de ses proches.

C'est avec plaisir que j'ai retrouvé des références à deux auteurs qui ont nourri ma propre réflexion spirituelle sur la mort.

Etty Hillsum : « En excluant la mort de sa vie, on se prive d'une vie complète, et en l'accueillant on élargit et enrichit sa vie. » Et Maurice Zundel : « C'est devant la mort que l'on prend conscience que la vie est quelque chose de prodigieux, d'unique, de créateur. »

J'ai retrouvé aussi une expérience qui témoigne de l'importance de la présence humaine, bienveillante, consolante, qui rassure – un droit humain qui a été dénié ces derniers mois à ceux qui en avaient pourtant le plus besoin.

J'ai retrouvé des mots qui témoignent du « magistère profond » de ceux qui côtoient la mort, la douleur, l'absurde parfois.

Un magistère que j'ai exercé en son temps, en soins palliatifs, et que Christian de Cacqueray transmet à son personnel des pompes funèbres :

laisser transparaître un peu de lumière quand « nos frères que nous accompagnons sont plongés dans l'obscurité ».

Marie DE HENNEZEL

Ouverture

> « Le vrai problème n'est pas de savoir si nous vivrons après la mort, mais si nous serons vivants avant la mort. »
>
> Maurice Zundel

VOILÀ près de deux heures que j'interviens devant un groupe de jeunes de classe de première d'un établissement scolaire parisien. Pour eux, cette rencontre n'a rien d'anodin. Ils ont en effet été convoqués un vendredi matin tôt, pour entendre l'employé des pompes funèbres que je suis disserter sur le fait de savoir si l'on peut se réconcilier avec la mort. J'imagine ce que ce thème a d'incongru pour ces garçons et ces filles, façonnés par leur éducation et la société dans laquelle ils grandissent. Sans oublier les circonstances qu'ils traversent alors, avec la crise sanitaire. Mais je veux croire aussi que le sujet que j'évoque devant eux les rejoint pour la plupart tant ils se sentent enfermés dans une société qui n'a d'autre discours que celui de la peur pour aborder l'étape ultime de leur vie. De mon côté, j'avance, dans mon propos, entre la confiance dans l'utilité de ce que je leur dis et la crainte de raviver chez certains la douleur du deuil qui les touche. Quand enfin, vient la dernière question, celle qui sonnera la fin de notre échange.

« Monsieur, me dit la jeune fille qui a saisi le micro, votre exposé m'a ouvert à des aspects en lien avec la question de la mort auxquels je n'avais pas pensé et je vous en remercie. Mais ce qu'est la mort, vous ne nous en avez rien dit. »

Pris de court, je lui réponds d'abord, afin de mettre les rieurs dans mon camp, que la thèse du hors sujet du conférencier est un classique. Mais en le disant, je réalise combien sa question est légitime. Qu'est-ce que cette inconnue, ce mystère, cette réalité qui frappe l'être humain en lui faisant subir le drame de la séparation ? Pourquoi en parler si je n'en connais rien ?

C'est alors que, dessinant avec mon doigt dans l'air la circonférence du soleil, je me lance dans un parallèle entre la mort et l'astre de feu. N'est-il pas plus signifiant de l'évoquer à travers ce qu'il produit sur notre terre que de le décrire lui-même ? N'est-il pas la source de la vie mais aussi, potentiellement, son plus redoutable destructeur ? Ne risque-t-on pas de se brûler les yeux en le regardant en face ? À mesure que j'avance dans ma métaphore improvisée, je réalise combien elle me permet d'exprimer des aspects qui me tiennent à cœur, pour parler de la mort. Je n'en suis pas un spécialiste. Je ne suis pas dépositaire d'un savoir sur cette question. Tout au plus, au contact des personnes en deuil, au long du parcours des funérailles, ai-je reçu la force de témoigner que la mort blesse les êtres humains, mais aussi leur ouvre un chemin possible de croissance. Et que notre vie ne peut vraiment donner son fruit si l'on en exclut la fragilité originelle. La pensée de notre mort nous le rappelle, si nous le voulons bien.

Progressivement, année après année, au cœur de mon existence, ces constats ont pris chair en moi. À travers des rencontres, des événements, des lectures et la prière, j'ai, à tous petits pas, appris à vivre ces questions de l'intérieur et non plus seulement d'un point de vue intellectuel. Et cette mutation, ou plutôt cette conversion, a contribué sans cesse à ranimer en moi la flamme des commencements. Je m'étonne en effet moi-même de trouver, plus de trente ans après, toujours la même énergie pour témoigner du sujet le plus craint des hommes de notre temps. La fuite a souvent été une tentation, mais si je n'y ai pas succombé c'est parce que j'ai perçu à plusieurs reprises des confirmations quant à la nécessité de la démarche.

Je vais donc, dans les pages qui suivent, mêler des aspects de mon engagement professionnel à des événements de ma vie personnelle. Cela n'a d'autre objectif que de témoigner, par touches successives, de la manière qu'a la pensée de ma mort de m'appeler à naître de nouveau afin d'être un vivant, avant que je ne meure. Pour cela, le cœur ouvert, armé de la ferme résolution de ne pas désespérer de moi-même et muni d'un petit seau et d'une pelle, comme lorsqu'enfant j'allais à la plage, je tâche quotidiennement de collecter les éclats d'éternité qui jonchent mon chemin de vie. Car, de toutes mes cécités, celle qui me fait passer à côté des traces de la présence de Dieu sans les voir, est, comme chez beaucoup de mes congénères, la plus développée.

Le lieu de mon engagement, depuis plus de vingt ans, est un service de pompes funèbres alternatif. Son histoire a commencé alors que j'occupais une position honorable à la direction du principal groupe du secteur. Le métier m'avait saisi depuis déjà plusieurs années. J'y avais découvert un sens profond que je souhaitais servir. Mais je cherchais une voie pour que ce sens puisse s'épanouir davantage. Or, c'est en m'ouvrant à mon ami moine de mes réflexions, que j'ai déclenché un phénomène en chaîne qui aboutit dans le bureau de l'archevêque de Paris. Ce dernier attendait, me dit-il alors, ce moment depuis longtemps. L'heure était venue, me disait-il, de manifester que le sens de ce qui se vit lors des funérailles doit guider leur organisation et non l'inverse.

Dès lors, rien ne put m'arrêter. Et c'est avec un enthousiasme débordant, alors que mon épouse était sur le point d'accoucher de notre quatrième enfant, que je fis le choix de quitter le confort d'un poste où je réussissais pour l'inconnu d'un avenir sans sécurité.

Ainsi est né le Service catholique des funérailles. Vingt ans après, les illusions des commencements ont laissé place au réel et à l'humilité qu'il impose. Ce service est devenu pour moi une fantastique aventure humaine, avec ses joies, immenses, et ses échecs, aussi.

En entamant le troisième livre que je consacre à la mort, aux obsèques et plus largement à la façon qu'a cette expérience de creuser en moi toujours plus profond l'appel à la vie spirituelle, je veux dire à mes collègues ma reconnaissance pour leur engagement. Hommes et femmes de tous horizons, ils tiennent, dans la tourmente de l'accompagnement du deuil de leurs prochains, avec courage, sensibilité et générosité. C'est d'abord pour eux que j'écris et à travers eux, pour tous ceux qui composent la chaîne humaine qui sert les funérailles. Porteurs, fossoyeurs, thanatopracteurs, assistants funéraires, maîtres de cérémonie… Serviteurs de l'ombre, aux fonctions nobles et nécessaires, je suis fier d'être l'un des leurs et de pouvoir témoigner de la beauté de ce qu'ils font.

Il est temps de reconnaître que dans un monde qui ne cesse de se déliter sous nos yeux, ils sont des gardiens de la dignité infinie de l'être humain. La ritualité funéraire, cet ensemble fragile de comportements qui disent la valeur de tout parcours de vie, est en effet bien souvent entre leurs mains.

I

La mort au temps du confinement

Le 13 mars 2020, dans un train qui m'emmenait dans le Midi de la France pour les obsèques de la mère d'un ami, deux événements m'ont propulsé dans l'inouï des semaines qui ont suivi.

Le premier est la lecture, dans un quotidien du soir, d'un article relatant la façon dont les Chinois ont géré les funérailles, au sommet de la crise sanitaire, dans la province de Wuhan. Même si je connais la dureté qui prévaut dans la vie sociale en Chine et la façon qu'a le régime en place de l'encourager, je n'imaginais pas la manière dont on avait traité les défunts de la covid 19. Il était question, dans l'article, de corps mis dans des housses anonymes et entassés dans des camionnettes pour être emmenés dans les crématoriums de la Province. À cet instant, même si je tentais encore de me persuader que la France n'est pas la Chine, j'étais gagné par un sentiment d'effroi en pensant que nous devrions, dans un avenir proche, appliquer en France des mesures du même type. Je connais trop le poids des impératifs liés à l'hygiène, dans l'organisation des opérations funéraires dans notre pays, pour ne pas craindre l'émergence des mesures les plus restrictives face à la pandémie. Le placement des dépouilles dans des housses entraînerait l'impossibilité de revoir les défunts. Quant à la crémation, allait-elle s'imposer pour tous ceux-ci ? La perspective de l'imminence d'une telle révolution des pratiques funéraires me donna soudain le vertige. Nous entrions dans l'inconnu et les signes avant-coureurs étaient angoissants.

Le second événement, qui marqua mon voyage, fut l'appel d'une collègue m'annonçant qu'elle devait accompagner, le lendemain matin, les obsèques d'une personne morte du virus et dont l'épouse et les enfants étaient infectés. Il s'agissait d'un de nos tout premiers cas de décès liés à la covid où les seules personnes présentes à la célébration seraient elles-mêmes malades. La violence de cette entrée dans la crise me laissait sans voix.

N'ayant aucun masque en sa possession, ma collaboratrice me demandait ce qu'elle devait faire. J'étais donc confronté, sans repères ni moyens, à ma responsabilité d'employeur face à la pandémie. Comment protéger sa santé face à un risque mal défini et sans outil de protection ? Après avoir tenté, par les moyens les plus abracadabrantesques, de lui faire parvenir, alors que j'étais dans le train, le seul masque dont je disposais à mon domicile, la solution vint de la famille du défunt qui promit de lui en donner un, lors de l'adieu au visage à l'hôpital.

La peur venait de faire irruption dans mon quotidien professionnel. Pourtant, l'alerte du H1N1 de 2010[1] avait forgé en moi la conviction qu'une crise sanitaire surviendrait un jour et qu'il nous faudrait tôt ou tard prendre des risques pour assumer notre mission. J'avais même beaucoup fait rire mon entourage avec mes prophéties de malheur, jusqu'à l'archevêque de Paris de l'époque qui me renvoya poliment dans mes cordes le jour où j'évoquais devant lui le risque d'une pandémie et ses conséquences possibles sur le déroulement des enterrements. En fouillant sur internet, j'avais en effet retrouvé des images d'archives des sépultures en pleine crise de la grippe espagnole. On y voyait des fosses en batteries dans lesquelles les victimes étaient inhumées à la chaîne, de jour comme de nuit. Mais une fois de plus, dans notre monde pourtant hyper informé, nous avions peine à croire à ce qui pourtant était annoncé.

Dans les jours qui suivirent, nous découvrîmes, avec une rapidité qui donna aux événements que nous vivions une grande brutalité, l'ampleur des restrictions qui se mettaient en place. La première, et symboliquement la plus pénalisante pour les familles, était l'obligation, dès lors que le certificat de décès

1. La grippe A H1N1 est une catégorie de virus grippaux à laquelle appartient celui qui tua entre cinquante et cent millions de personnes dans le monde en 1918. En 2009, l'État français mena une politique active de prévention par l'achat massif de masques et une campagne de vaccination. Finalement, on dénombra 1 334 cas graves et 312 décès en France.

rédigé par un médecin établissait que la personne était morte de la covid, de placer sa dépouille dans une housse et la housse dans un cercueil. Ainsi, la vue du défunt était rendue impossible, alors même que toute visite avait été bien souvent interdite avant sa mort.

La deuxième révolution était l'abolition, du jour au lendemain, des entretiens d'organisation des obsèques en face à face, au profit de liaisons téléphoniques et de la transmission des pièces par internet. Alors que notre accompagnement s'ancrait, jusque-là, dans la rencontre interpersonnelle avec les plus proches parents, nous entrions, du jour au lendemain, dans l'ère de la « distanciation sociale » grâce à son instrument le plus efficace : la digitalisation. Et si ce nouveau dispositif nous fit expérimenter des pratiques professionnelles plus efficaces, notamment dans nos relations avec l'administration, il tarit soudainement la source de la compassion authentique, à savoir la rencontre en face à face.

Enfin, la troisième restriction concernait le déroulement des cérémonies elles-mêmes, dont le nombre des participants fut limité à vingt personnes. Cette dernière consigne a été aggravée par la parole du premier ministre qui, à une question d'un téléspectateur ayant perdu un ami qui demandait s'il pouvait se rendre aux obsèques, répondit : « Ce que je vais dire est terrible à entendre, mais je me dois d'être à la hauteur des fonctions que j'occupe et donc je vais répondre non. Nous devons limiter au maximum les déplacements et même dans cette circonstance, nous ne devons pas déroger à la règle qui a été fixée[1]. »

Une parole d'État qui pose un interdit sur le fait de se rendre à des obsèques est un fait inédit dans notre histoire. Quelle qu'en soit la justification sanitaire, nous ne pouvons pas faire l'économie de sa portée symbolique dans la société française. Beaucoup de nos concitoyens comprirent que la situation était si grave qu'il était désormais interdit d'accompagner l'enterrement de ses morts. La traduction opérationnelle de l'affirmation du premier ministre fut d'ailleurs, dans les jours qui suivirent, la fermeture au public des portes de nombreux lieux de la ritualité funéraire (crématoriums ou funérariums). La nuance entre interdiction et limitation ne fut pas entendue dans une population sidérée par la gravité de l'événement sanitaire. Quant aux opérateurs, nombre d'entre eux, dans le souci de préserver la santé de leur personnel, prirent les mesures les plus restrictives. Je pense par exemple à cette entreprise de pompes funèbres qui décida de ne plus rentrer les cercueils contenant des défunts de la covid dans les lieux de culte. Les dépouilles mortelles furent, dans les premiers temps de la crise sanitaire, considérées comme des facteurs de contamination de premier plan qu'il convenait de marginaliser.

---

1. Édouard Philippe, 17 mars 2020, déclaration lors d'une émission diffusée sur France 2.

Or, dans le domaine funéraire, plus que dans n'importe quel autre domaine de la vie sociale, tout ou presque est porteur d'une valeur symbolique. Ainsi, restreindre la ritualité funéraire, jusqu'à laisser entendre qu'elle est interdite, revient à amputer l'être de ce qui fonde son humanité. Et ce qu'a révélé cette crise, en poussant à l'extrême l'encadrement des opérations funéraires, c'est ce à quoi conduit une société sécularisée et hygiéniste. La protection de la santé y devient une valeur suprême qui supplante celle du sens.

La même inspiration a prévalu dans la décision de concentrer les corps des défunts morts de la covid dans un dépôt alimentaire à Rungis. Plutôt que de favoriser la multiplication de dépositoires, comme le permettait la réglementation, pour faire face à la crise, on préféra une solution, symboliquement traumatisante, d'hyper concentration des défunts dans un seul lieu. Cette modalité révélait de façon éclatante l'esprit qui prévaut dans la gestion des affaires funéraires : placer la mort et les morts hors du champ social pour en protéger les vivants par peur de contamination.

Passés les premiers jours de travail dans un contexte si profondément bouleversé, essayant de décrypter le paysage professionnel qui s'ouvrait devant nous, nous avons chacun découvert les dilemmes qui allaient quotidiennement se présenter. En effet, la norme ne définit jamais la pratique, elle ne fait que l'encadrer. La part de l'humain reste et restera toujours prépondérante dans la façon dont se vivent les choses. Dans toutes les activités liées au soin de la personne humaine, et le funéraire en fait partie, l'engagement de chacun est déterminant. Ainsi, tout au long des journées de pic de la pandémie, nous avons eu, individuellement et collectivement, le choix entre le repli ou le don de soi, entre un surcroît de mort ou un élan de vie.

Me reviennent, en écrivant cela, les situations apparemment les plus anecdotiques où pourtant s'est jouée une parcelle de la dimension du sens et donc de la consolation. L'accumulation des interdits n'a pas empêché l'élan du cœur, qui irrigue le soin d'autrui, de parler. J'en ai fait le constat en écoutant ce que des proches de personnes mortes de la covid m'ont raconté du comportement du personnel soignant à la fin de la vie de leurs parents. Entre l'interdiction formelle de toute visite et la possibilité de leur dire adieu, avec les protections d'usage, il y a un monde, une fracture, qui partage, au cœur de la crise, l'interdit froid du possible consolant. Je repense aussi à ce médecin référent dans un groupe de maisons de retraite avec qui j'ai plusieurs fois échangé, au long de la crise sanitaire, sur ce qui permettrait d'éviter des fins de vie à l'isolement. Et si j'emploie cette expression carcérale, c'est parce que je crois que la solitude de certaines personnes âgées fit bien plus pour leur trépas que le virus. Quant à ceux qui ont survécu, je crains que leur deuil ne rime avec culpabilité.

Pour ma part, j'ai vu parfois s'ouvrir devant moi des possibilités de manifester ma compassion aux personnes accompagnées, bien au-delà de ce que je pouvais faire en temps ordinaire. C'était en effet comme si tout adoucissement des interdits pouvait rejoindre la personne en deuil au cœur de sa souffrance. Je dis bien adoucissement et non pas contournement. Ainsi, dès lors que les proches ne pouvaient plus revoir le visage de leur défunt avant la fermeture du cercueil, il m'est arrivé de poser, par substitution, des gestes symboliques forts.

Je pense, par exemple, à cet homme dont l'épouse était décédée de la covid juste à la soixantaine et qui réalisait qu'il ne la reverrait plus puisque pour des raisons d'hygiène le cercueil serait fermé avant son arrivée à la chambre mortuaire de l'hôpital. Dans ces conditions, il renonçait à s'y rendre, mais je sentais dans ses silences le poids d'une souffrance profonde. Il finit par me dire combien il regrettait que son épouse parte sans une croix qu'elle aimait tout particulièrement. Or, la procédure hospitalière m'invitait à vérifier, avec le personnel de la chambre mortuaire, l'identité de la défunte indiquée sur la housse, avant que le cercueil ne soit fermé. Je lui proposai donc de passer le voir pour récupérer cette croix afin de la placer dans la bière. Il acquiesça à cette proposition avec enthousiasme et l'échange que nous avons eu, au pied de son immeuble, dans une rue déserte du fait du confinement, pour la remise de la croix, est resté gravé dans ma mémoire comme un temps fort de communion et de chaleur humaine.

Je me souviens aussi de toutes les familles qui nous ont appelés, convaincues que la crémation était devenue obligatoire et les cérémonies prohibées. Elles manifestaient, en nous entendant infirmer cette information, une joie profonde et touchante. Et nous nous demandions comment une telle rumeur pouvait s'être répandue. Et si certains de nos confrères n'en étaient pas responsables…

Au Service catholique des funérailles nous fîmes collectivement l'apprentissage des conditions de travail inédites qui s'imposaient à nous. Très vite nous découvrîmes à la fois l'immense détresse des familles et la beauté singulière de certains aspects de ce qui se vivait. Servir, dans ces conditions, revenait à exercer la médecine sans médicaments. Traumatisés de n'avoir, bien souvent, pas pu revoir leur parent lors de sa fin de vie, nos interlocuteurs découvraient, à travers nous, le poids des restrictions qui leur étaient imposées. Et si notre activité nous confronte, au jour le jour, à la peine humaine, il a régné au cours des semaines du confinement un climat inédit de détresse autour des enterrements.

Une image me revient pour exprimer la violence et l'absurdité mêlées de ce qui se vivait. Cette image, qui circulait alors sur internet, était la photo d'une affiche apposée à l'entrée d'un cimetière, au nord de l'Italie, au début de la crise, sur laquelle on avait écrit : « Ici personne ne rentre sauf les morts. » Or, ce qui nous faisait sourire, tandis que le virus, pensions-nous, peinerait à passer les Alpes, devint rapidement réalité. La terrible phrase de Jésus : « Laisse les morts enterrer leurs morts » (Mt 8, 22) n'était pas loin de se concrétiser. À bannir la présence des vivants auprès des morts, nous avons dangereusement asséché la source du sens de la ritualité. Et en même temps, paradoxe des crises, nous en avons redécouvert la valeur profonde à cette occasion.

Dans ce contexte, ce qui m'a le plus frappé, et profondément touché, c'est non seulement la dignité des proches face à ce surcroît de peine que les circonstances leur infligeaient, mais plus encore : leur faculté de rebond. De tous ceux que j'ai côtoyés au long du premier confinement, pas un n'a contesté devant moi les restrictions qui le frappaient, ni même ne s'en est plaint. Tous ont fait face avec courage à la situation, conscients qu'ils étaient que les obsèques ne se vivent qu'une fois et que l'accompagnement de leurs parents sur le chemin rituel, même amputé, restait une source consolante pour leur vie d'après. Beaucoup ont fait le choix de l'inventivité, de nouvelles formes de partage et d'une communion différente et parfois plus forte.

Il en a été ainsi pour la famille d'Anne-Françoise. Elle avait accompagné son vieux père, Paul, un dimanche à l'hôpital, près de chez lui, pour des examens médicaux. L'homme était fébrile et secoué de quintes de toux déchirantes. Après un rapide diagnostic du virus, elle n'a quasiment plus eu de nouvelles de lui jusqu'à l'appel de l'établissement pour lui annoncer son décès. Lorsqu'elle m'a appelé, elle, sa mère et plusieurs autres membres de sa famille étaient fiévreux, conscients qu'ils avaient tous été contaminés en prenant soin de Paul.

Malgré ce contexte si profondément inquiétant, il fallait aller de l'avant et organiser les obsèques. Nous avons donc évoqué la possibilité d'une cérémonie pour cet homme très engagé dans la vie de sa paroisse. J'ai alors appelé le curé, mais j'ai vite senti, aux longs silences que mon interlocuteur laissait dans nos échanges, que le doute s'insinuait dans son esprit quant à l'opportunité de rassembler une famille contaminée dans son église. Il conclut qu'il célébrerait une messe de requiem à son intention lorsque la pandémie serait terminée.

Apprenant cette nouvelle, Anne-Françoise l'accueillit avec docilité, sans rien contester. J'entrais avec elle, à mesure que nous avancions à tâtons dans les ténèbres qui nous entouraient, dans une relation marquée par une communion croissante. Malgré la distance téléphonique, la profondeur de sa détresse, devant l'impossible adieu à son père, transperçait le bouclier de sa pudeur au point que soudain sa voix étranglée se tut. Dans ce silence, nous avons laissé l'émotion nous envahir, et les larmes couler. Le parcours funéraire pour Paul irait donc de l'hôpital, où son corps était conservé dans une housse depuis que le médecin avait constaté sa mort, jusqu'au cimetière où il serait déposé dans le caveau familial. Parti seul à la mort, sans parent pour lui tenir la main, il allait partir seul à la fosse, sans les témoins de toujours de son parcours terrestre.

Pourtant, le lendemain de cette journée éprouvante, Anne-Françoise me communiqua, par voie de mail, un document de quarante pages contenant ce que les enfants et petits-enfants de Paul avaient préparé pour animer une visioconférence qui les avait tous réunis pendant l'inhumation. Composé de photos, de chants et de prières, ce document révélait la richesse de la célébration domestique et virtuelle qui s'était vécue au sein de la famille. L'inventivité, la relecture et l'expression des liens d'amour avaient nourri un temps de communion unique et mémorable.

Des pépites, pour ceux qui ont des yeux pour les voir, dans le désert rituel qui nous environnait, nous en avons cueillies à foison. Là est le paradoxe des temps de crise, car ils permettent, si l'on ne bride pas l'élan viscéral vers la vie, d'aller à l'essentiel. Comme l'exprima une famille, « la mondanité funéraire » n'ayant plus cours, la liturgie, pourtant corsetée, laissa voir avec une acuité particulière sa fécondité, qui est de dire une espérance, de désigner le chemin qu'emprunte le défunt vers la vie en Dieu et, par là, de relever ses proches.

Ce que je viens d'exprimer trouva, pour moi, son incarnation la plus aboutie dans les obsèques d'une femme, morte de la covid dans un grand hôpital parisien. L'accompagnement de sa sépulture fut un véritable moment de grâce. C'était une de ces journées du confinement où le bleu du ciel le disputait à la pureté de l'air, au point que l'on eût dit que la ville tout entière était transformée en un grand sanatorium, alors même que la maladie que l'on combattait attaquait les voies respiratoires !

J'avais donné rendez-vous à la fille de la défunte à l'entrée de la chambre mortuaire. Pour elle, revenir dans l'établissement où sa mère était morte sans qu'elle puisse l'assister n'était manifestement pas un traumatisme. Les liens qu'elle avait précédemment noués avec l'équipe soignante du service de gériatrie étaient tels qu'il lui avait semblé confier sa mère à des parents en qui elle avait toute confiance. Devant la bière fermée, nous restâmes silencieux.

Puis nous nous sommes dirigés vers l'église de la célébration. Là, dans des rues que seuls parcouraient de rares coureurs de fond, une petite assemblée se forma progressivement au pied des marches de l'édifice. L'impérative distance physique imposait à chacun des comportements sociaux nouveaux. Empêchés de s'embrasser, tous cherchaient, hésitants, une manière de manifester leur sympathie par des gestes encore maladroits, du fait de leur jeunesse, qui excluaient dorénavant tout contact physique. Puis, à l'invitation des deux prêtres de la paroisse, notre petite assemblée gravit les marches pour pénétrer dans une église baignée d'une douce lumière printanière dont la gaieté contrastait avec le silence qui y régnait. Les prêtres semblaient, comme beaucoup de leurs confrères, des bergers sans troupeau, devenus les gardiens d'églises désertées.

La célébration intimiste qui suivit m'apparut comme un modèle de célébration d'obsèques : paisible, imprégnée de mots justes et consolants, donnant à l'ensemble un climat de sobriété et de vérité. Pas un panégyrique ne fut prononcé. L'essentiel fut dit en peu de mots. Des silences, dans le recueillement de l'adieu, laissèrent aux mots le temps de féconder les profondeurs de ceux qui les reçurent.

Puis on se quitta comme on s'était retrouvé, à mi-voix, sur un trottoir désert qui n'invitait pas à prolonger la rencontre. Il fut rapidement temps de rejoindre un cimetière de banlieue que je ne connaissais pas. Placé à flanc de colline, en lisière d'un bois aux couleurs vert tendre, il ressemblait à un écrin où se lovait la mémoire. Là, toujours dans une même solitude habitée, l'inhumation se déroula dans une vérité simple, étrangère à toute emphase.

Enfin, lorsque l'heure fut venue de me séparer de la fille de la défunte, que j'avais voiturée tout au long de la matinée, il nous sembla, à l'un comme à l'autre, que c'était à regret. Nous avions en effet partagé, par nos échanges et lors des trois temps du parcours rituel, un flot paisible de gestes et de paroles signifiants qui, à des titres différents, nous avaient profondément ressourcés.

Ainsi, pendant les semaines de la crise sanitaire, si la peine et le manque ont dominé chez les personnes qui ont vécu un deuil, il est resté aussi la beauté simple de beaucoup de cérémonies, l'inventivité de certains pour favoriser la communion entre les personnes et l'évidence de la force des rites qui se révèle à tous lorsqu'ils font défaut.

Et pour la population tout entière, le climat pesant que nous avons connu, rythmé par la comptabilité mortuaire affichée dans tous les médias, aura-t-il contribué à faire évoluer le rapport que nous entretenons avec la mort ? Je crois que la peur et l'effroi face à l'impossible, et pourtant certaine, issue fatale de toute vie, n'ont fait que se renforcer. Mais aussi que les entraves légales à la ritualité funéraire ont fait prendre conscience à beaucoup qu'ils sont des marqueurs de l'humain. Or n'est-ce pas par un souci renouvelé du soin de ses morts que l'humanité peut réapprendre à se réconcilier avec sa condition mortelle ?

II

Vivre une finitude heureuse

ARRIVÉ à l'étape symbolique de trente années consacrées à l'accompagnement des obsèques, j'ai acquis la conviction que le plus grand mal dont souffrent nos contemporains est de ne plus parvenir à intégrer la mort comme faisant partie du destin de tout vivant. Devenu un mur contre lequel toute vie se fracassera immanquablement, l'événement redouté n'est plus associé qu'à la séparation injuste de ceux que l'on aime. N'en a-t-il pas toujours été ainsi, me direz-vous ? Oui et non. La mort a, de tout temps, été un sujet de peur et de tristesse : peur de l'inconnu et tristesse de la séparation. Mais en même temps, le mystère qu'elle constitue a inspiré le génie humain, que ce soit à travers la ritualité funéraire, les spiritualités ou encore l'abondante réflexion philosophique sur ce thème.

Les sociétés à travers les âges ont, à des degrés divers, mais de façon constante, regardé la mort en face et aménagé le chaos de la perte en tentant de l'humaniser. À titre d'exemple, il est un rite propre à la région des hauts plateaux de Madagascar, dont le caractère sensationnel cache en fait une pratique très noble, permettant d'actualiser dans le temps le rapport entretenu par les vivants avec les morts. Appelé Famadihana, et qualifié par les Occidentaux de « retournement des morts », je comprends ce rite de nouvelles funérailles, consistant à exhumer les restes des morts et à les placer dans de nouveaux linceuls, comme une forme sophistiquée de suivi de deuil. À chaque Famadihana, non seulement la corporalité du défunt évolue, pour finir par disparaître, mais la relation des vivants aux morts évolue aussi, ces derniers passant progressivement du statut de défunt, avec leur identité individuelle, à celui d'ancêtre, fondu dans un collectif sacré. Ce que je trouve remarquable dans cette pratique, et qui s'est perdu en Occident avec le mouvement de la sécularisation, c'est la ritualisation du deuil dans le temps. Par une telle pratique, peut être manifesté le fait que lentement, nos rapports à nos morts évoluent vers une intériorisation de leur présence bienveillante. Je crois que beaucoup de vivants auraient un rapport à la vie plus apaisé s'ils avaient conscience de la façon dont ils sont portés par ceux qui les ont précédés sur terre et qui veillent sur eux.

Or, pour la première fois dans l'histoire de l'humanité et avec une rapidité déconcertante, les sociétés dites développées, à la faveur de la prospérité d'après-guerre, ont toutes repoussé la mort et ses manifestations hors du champ social. Il en a résulté d'abord une plus grande difficulté individuelle et collective à surmonter le deuil. La ritualité funéraire, qui s'incarne dans l'ensemble des pratiques concourant à donner un sens symbolique aux comportements à l'occasion d'un décès, peine à jouer son rôle. Beaucoup de personnes traversent le temps des obsèques sans se laisser pénétrer par l'interpellation que la mort d'un proche a vocation à susciter au plus intime, sur leur propre existence. L'interpersonnel, le subjectif, l'immanent, ont progressivement tendance à recouvrir l'évocation du mystère et les réponses que l'homme, de tout temps, a tenté d'apporter.

Mais, comme un prolongement de mon expérience auprès des personnes en deuil au moment des obsèques, je me suis aussi souvent interrogé sur ce que l'affaiblissement, et parfois même l'effacement de la conscience d'être mortel change à la vie. En commençant par ma propre existence, je me suis souvent demandé ce que l'illusion de l'éternité terrestre, de la possibilité de maîtriser sa vie, encouragée par les mirages du matérialisme, produit sur le rapport à la vie. Est-ce que le rejet du terme adoucit le quotidien ou bien, au contraire, déstabilise-t-il l'écosystème existentiel dans son ensemble ?

Je relève, à ce propos, la concomitance, dans l'histoire contemporaine, entre le bouleversement du rapport à la mort et le bouleversement du rapport à la nature. Dans les deux cas, une même vision matérialiste de maîtrise n'aboutit-elle pas à la consommation, de la vie dans un cas, de la terre dans l'autre, pour un bénéfice immédiat, dans le mépris du sens et de la destinée ?

Alors que nous avons gagné en longévité, en confort de vie, en diversité des distractions, ne voyons-nous pas, dans le même temps, des périls inédits menacer la vie sur terre, dans un climat général de délitement des liens et de perte du goût profond de vivre ?

Or ce que je constate au niveau macro, je le constate aussi depuis longtemps dans ma propre vie. J'ai vécu bien des impasses, des pertes d'élan vital, que j'attribue à l'absence de conscience que je suis assuré, depuis ma naissance, d'une mort certaine, laquelle peut arriver à tout moment.

En relisant les trente dernières années de mon existence, à la fois professionnelle et personnelle, se dessine un chemin sur lequel, lentement, après beaucoup de tâtonnements, d'allers et retours, de fuites aussi, germe une prise de conscience que mes mouvements intérieurs, les plus intimes et les plus quotidiens, sont en résonance étroite avec la place que je donne à la conscience de ma destinée mortelle, dans mon quotidien. Plus précisément, si je me détourne de la conscience que tout d'ici est éphémère, je sombre dans une vie subie, sans relief et insatisfaite. Au contraire, si j'entre dans la dynamique vivifiante de la finitude terrestre, l'urgence des choix existentiels me met en marche.

Je crois en la possibilité de vivre une finitude heureuse. Mais je constate combien cette aspiration heurte l'esprit du temps, qui fonde le bonheur terrestre sur la durée de l'existence, vue comme une sorte de compte épargne temps. Ce dernier, avec les gains constants d'espérance de vie des dernières décennies, ne cesse d'être revu à la hausse. Il y a un âge pour mourir, mais celui-ci ne cesse de reculer, et avec lui la confrontation à sa finitude. L'âge d'entrée en institution gériatrique ne cesse de reculer, faisant du séjour dans ces établissements une étape ultime, sans vrai projet existentiel.

Pourtant, l'ouverture à la pensée de la mort, source de sagesse de vie, peut m'aider à prendre conscience, jour après jour, que mes options du quotidien, entre l'ouverture aux autres, au monde et à mon Créateur, c'est-à-dire à la vie, ou l'enfermement égoïste et le repli sur moi, c'est-à-dire la mort, façonnent, dès à présent, mon éternité.

Au début des trente années que j'ai déjà consacrées à l'accompagnement des obsèques, j'ai découvert ce que produit la mécanique funéraire autoréférentielle : une logistique efficace, déconnectée du sens de l'événement qu'elle sert, s'appuyant sur des équipements et des prestations rituels en catalogue. Face à l'agent potentiellement perturbateur pour l'hygiène collective que constitue le cadavre, les sociétés modernes se sont organisées. Et elles l'ont fait en déconnectant de façon systémique la prise en charge de la dépouille de la dimension symbolique, et donc de sens, qui s'y attache. Ce processus dit de sécularisation des services funéraires ne s'est pas fait sans une violence à l'humain. On ne peut pas, en effet, réduire le corps mort à un enjeu d'hygiène, comme le fait la législation du début du vingtième siècle, sans dommages. Or tout le processus d'évacuation de la mort du champ social pour la cantonner dans des lieux dédiés, invisibles de la vie quotidienne, s'est fait au détriment du rôle des institutions porteuses de sens, lesquelles ont été officiellement cantonnées dans le dispositif de la loi de 1904[1], derrière les hauts murs des édifices religieux.

Durant ce premier temps de mon engagement professionnel, j'ai le plus souvent côtoyé sur le terrain des cérémonies intimistes, accompagnées de façon aseptisée. L'évocation des relations entretenues avec le défunt y était sollicitée plus que celle d'un au-delà de ce vécu commun. Je pourrais symboliser l'expérience de ces cérémonies par l'image du regard arrière. Alors même que la ritualité funéraire a, de tout temps, orienté les regards vers l'espérance d'un après, les pratiques cérémonielles contemporaines favorisent, principalement par la diffusion de photos de la vie avec le défunt, l'évocation du passé.

1. La loi de 1904, abolissant le monopole cultuel des obsèques, enlève aux cultes toutes prérogatives dans l'organisation des funérailles, tout en établissant un monopole des religions dans l'enceinte des édifices cultuels.

L'émotion est le sentiment recherché, signe de la qualité de ce qui est vécu.

Puis, grâce à la clairvoyance de Jean-Marie Lustiger, alors archevêque de Paris, j'ai pu exercer l'activité funéraire dans un cadre et un esprit renouvelés. Par la fondation du premier Service catholique des funérailles à Paris, il est devenu possible, dans notre pratique quotidienne, de reconnecter les actes techniques dont nous avons la charge à leur dimension de sens. Les familles qui se sont adressées à notre nouveau service ont, pour beaucoup d'entre elles, été au diapason de ce désir de vivre des obsèques au long desquelles chaque étape est porteuse d'un sens particulier. La tonalité n'y est plus le regard arrière mais l'élan vers un au-delà et la possibilité d'une relation avec le défunt dans l'ordre de l'Esprit. Cela suppose un acte de foi, c'est-à-dire le choix libre et courageux de l'espérance. Dès lors, une lumière s'allume au long du parcours rituel qui éclaire d'un jour nouveau ces circonstances si douloureuses. Combien de fois ai-je fait le constat de la différence qu'il y a entre l'ambiance qui règne au sein d'une famille en deuil au moment où je la rencontre pour l'organisation des obsèques de leur proche et lorsque je la quitte à la sortie du cimetière ! L'onde n'est plus la même car ensemble ils ont accompli un acte de foi et d'espérance libre qui nourrira leur deuil. Par des mots et des gestes, par le collectif qu'ils forment, ils ont transformé la laideur de la séparation en un chemin rituel porteur de croissance et de vie. La mort n'y est alors plus vécue uniquement comme une séparation mais aussi comme une transformation.

En quoi cette expérience, si souvent renouvelée pendant tant d'années, me renvoie-t-elle à ma vie quotidienne ? Pour répondre à cette question je me référerai volontiers au commencement de la phrase du livre du Deutéronome : « Vois ! Je mets aujourd'hui devant toi ou bien la vie et le bonheur, ou bien la mort et le malheur » (Dt 30, 15). « Vois » dit d'abord le texte. Ce dont il est question suppose de relire sa vie. Un regard ponctuel, rapide, superficiel n'y parviendra pas. L'invitation est claire : prends le temps de regarder ce que tu vis, ce qui s'offre à toi au long de tes journées. Vois comment sans cesse deux chemins se dessinent devant toi : l'un ouvre sur une plus grande communion avec ton prochain, et l'autre vers davantage de repli et de fermeture. Pas besoin de porter ton regard loin, hors de ton champ de vision quotidien. Mais scrute plutôt les plus petits mouvements intérieurs qui t'habitent pour constater, avec lucidité et bienveillance envers toi-même, quels chemins ils te font emprunter. Le texte ne dit rien d'autre : « J'ai mis aujourd'hui devant toi la vie et le bonheur, la mort et le malheur. »

Qui pourrait hésiter entre ces deux alternatives ? Qui va préférer le malheur au bonheur ? Et pourtant ! Notre penchant naturel ne nous conduit-il pas trop souvent vers ce qui nous détruit et détruit en nous la vie de l'esprit ? Nous cédons à ce penchant par un non-choix ou bien en nous trouvant toutes les excuses pour aller vers la fermeture. Qu'importe, le résultat est là : nos vies s'enlisent régulièrement dans ce qui ne nous nourrit pas, dans ce qui ne nous grandit pas, voire dans ce qui nous détruit à terme, comme toutes les addictions, et elles sont nombreuses, qui sont autant de filets qui enserrent nos existences et empêchent leur croissance.

Le choix de la vie, qui est proposé tout au long des funérailles chrétiennes, irrigue aussi chaque instant de mon existence. Pour l'étape de l'inhumation, par exemple, j'aime particulièrement proposer la lecture d'un texte qui proclame : « Nous voici avec toi au moment où tu entres dans une communion nouvelle et plus forte avec nous. Ce que tu as vécu, tout cela continue aujourd'hui, et l'élan que tu as pris, qui l'arrêtera ? » C'est cet élan qui me parle le plus, car il dit la dynamique et l'acquiescement auxquels je me sens invité quotidiennement.

Pourtant, la mort reste une réalité si laide pour notre monde contemporain que même les clercs tentent parfois d'en disculper le Créateur. Combien de fois, en effet, ai-je entendu les célébrants, lors d'obsèques, prêcher sur le fait que Dieu est totalement étranger à l'existence de la mort ? Et si cette affirmation espère sauver l'image de Dieu dans des esprits embrumés par le deuil et structurés par l'indifférence religieuse, je ne crois pas qu'elle y parvienne.

Il est vrai que pour un Dieu d'amour, dont le seul dessein pour l'homme est le bonheur éternel, la mort, séparation de ceux qu'on aime, n'est pas cohérente. Pour une multitude d'hommes, la perspective de leur fin de vie et de celle de leurs proches, dans la souffrance et le malheur, est comme une tache, dans le dessein divin. Dire que Dieu ne l'a pas voulu revient, dans ce contexte, à dire qu'il serait étranger à ce qui blesse le plus l'humanité ?

Et, comme s'il fallait renforcer cet état d'esprit contemporain, qui repousse Dieu au rayon des incohérences existentielles, la compréhension commune du Jugement dernier dessine un Dieu qui non seulement livre l'humanité à la mort mais s'érige en juge de nos vies. Ainsi, le Dieu qui veut établir avec tout homme une relation d'amour changerait de profil au moment de notre décès, pour se transformer en censeur implacable qui enverrait au supplice éternel ceux qui n'ont pas voulu de son amour... Étrange vision de ce qu'est une relation d'amour, qui ne connaît, en réalité, comme seul maître, que la liberté réciproque !

Devant les représentations artistiques du Jugement dernier, comme celle du triptyque attribué à Bosch et exposé à Bruges, je suis frappé par l'absence d'impact spirituel de ce qui se donne à voir. Au pire, les esprits tordus y scrutent la représentation d'une violence dégradante et perverse, dans laquelle le corps humain dénudé fait l'objet de traitements avilissants. Personnellement, j'ai toujours regardé ces représentations artistiques avec l'amusement que suscite un spectacle burlesque, dont la valeur symbolique est la recherche de la peur comme levier de conversion. « Plus que la mort, nos ancêtres redoutaient le jugement, le châtiment de l'au-delà et les tourments de l'enfer », nous rappelle l'historien Georges Duby[1]. Or nous savons tous que ce levier est à présent sans effet sur les comportements humains.

Je me souviens, dans mon enfance, avoir entendu l'appel à ne pas me soucier de mon salut alors que retentissait à mes oreilles d'enfant, déjà amateur de variétés françaises, la chanson de Polnareff : « On ira tous au paradis. » Qui n'a pas entonné son refrain aussi engageant que rassurant ? Et comment mieux résumer l'état d'esprit actuel, face à l'ancestrale peur de la damnation, sinon en reprenant avec le chanteur : « Qu'on ait fait le bien, ou bien le mal, on sera tous invités au bal » ? Une telle indifférence à la dramaturgie du salut passa alors, même dans les milieux catholiques dans lequel j'étais élevé, pour une impertinence, non dénuée toutefois de fondements. J'y vois le rejet du Dieu dominateur et solitaire, dont les supposés préceptes moraux, principalement liés à la sexualité, ont trop longtemps fait peser sur l'homme un poids écrasant, alors que dans le même temps, des péchés bien plus graves, liés à l'avoir, et au pouvoir qui en découle, ont été minorés par l'Église catholique.

1. Georges Duby, *Sur les traces de nos peurs*, Éditions Textuel, Paris, 1995.

Mais alors, comment réconcilier l'humanité avec la mort et Dieu? Comment redonner un peu de cohérence à la compréhension du destin humain? Et par là, comment déverrouiller le chemin de la vie spirituelle?

Dans mon expérience de terrain, je connais un moment, unique, où le mur qui tient l'homme loin de la vie dans l'Esprit semble se fissurer, à savoir, dans mon langage professionnel, celui de la mise en bière ou la levée de corps.

Or le premier constat que je fais est que les mots que nous employons aujourd'hui, pour désigner la dernière fois où les vivants voient leur défunt, n'évoquent que des gestes techniques (mettre un corps en bière, charger le cercueil dans le corbillard), et ne disent rien de la réalité de ce qui s'y vit. Ce constat n'est bien évidemment pas neutre. Et il est vrai qu'entre les anciennes veillées mortuaires autour du lit du défunt, à son domicile, et les minutes silencieuses et inhabitées, dans le local aseptisé d'une chambre mortuaire, il y a une distance abyssale.

Au langage fonctionnel, qui prévaut aujourd'hui, nous avons substitué, au Service catholique des funérailles, l'appellation « d'adieu au visage ». Chemin faisant, nous nommons ce à quoi les vivants sont invités : voir pour la dernière fois le visage de l'être aimé, prendre conscience, en l'embrassant, qu'il n'est plus que le reflet d'une vie et se laisser pénétrer par le message que cette mort peut leur transmettre pour leur vie d'aujourd'hui.

Quand j'ai commencé à travailler dans les pompes funèbres, j'ai constaté que la modernité avait réussi à faire de la dernière rencontre des vivants avec leurs morts un rendez-vous manqué, un moment habité de trop longs silences virant rapidement à la gêne pénible. Un moment surtout trop loin du cadre domestique, exilé en milieu médical où le combat contre la mort prend tout l'espace et ne cède rien à son ennemie.

Pourtant, en laissant un peu de temps au dernier rendez-vous entre les vivants et les morts, en y introduisant un peu de sens, on peut transformer des vies. Face à la dépouille mortelle, je ne connais pas de circonstance plus forte pour se laisser envahir par une interpellation existentielle. Car si le désir ardent de tant de vivants est de prolonger la relation terrestre avec l'être aimé, ce désir bute sur le visage figé et refroidi. Alors, seule la communion spirituelle peut apparaître comme une issue. Et je ne parle pas, en écrivant cela, d'une possibilité résultant d'une démarche intellectuelle, mais plutôt d'un élan instinctif et vital qui voit alors tant de personnes parler à leur défunt comme s'il allait leur répondre. Ce dialogue peut se perpétuer dans le temps à travers tant d'événements, petits ou grands, ou de motions intérieures, que les personnes en deuil peuvent voir ou entendre. Or je crois que l'adieu au visage est, symboliquement, une porte d'entrée efficace sur la communion dans l'Esprit avec l'être défunt. L'enjeu est de savoir si la porte reste entrouverte ou si on l'ouvre largement.

Comment mettre davantage en résonance les deux réalités trop souvent cloisonnées que sont, d'une part, la mort vue comme l'étape ultime de toute vie et, d'autre part, la mort, entendue comme compagne et source de sagesse pour la vie que je mène jour après jour ? La première notion concerne ce qui se passera au moment de notre mort, question par nature mystérieuse, car nul n'en est revenu, sinon Jésus-Christ, sans que ce soit un fait historique car il échappe à toute expérience que nous pouvons avoir de ce monde[1]. Quant à la mort, sagesse de vie, elle désigne la façon dont la pensée de la mort peut contribuer à changer notre façon d'être au monde. À titre d'exemple de ce que ce lien peut générer, François Cheng, méditant sur la question de la mort, nous invite à regarder notre vie depuis notre lit de mort, afin de parvenir à relativiser tout ce qui nous détourne d'une vie paisible et heureuse[2].

Si le souci d'établir une relation entre ces deux notions m'habite intensément, c'est parce que nos contemporains n'acceptent d'aborder la question de la mort que lorsqu'ils sont eux-mêmes concernés,

1. José Antonio PAGOLA, *Jésus. Approche historique*, Cerf, Paris, 2019, p. 426-430. « L'action créatrice de Dieu qui accueille Jésus dans son mystère insondable [...] échappe à toute expérience que nous pouvons avoir de ce monde [...]. C'est pourquoi nous pouvons dire que ce n'est pas, à proprement parler, un “fait historique” [...] mais qu'il s'agit d'un fait réel. »
2. François CHENG, *Cinq méditations sur la mort*, Le Livre de Poche, Paris, 2015.

soit parce qu'ils se savent en fin de vie, soit parce qu'ils sont en deuil d'un proche. Ainsi, à moins d'avoir le talent de François Cheng, qui parvient à écrire un succès de librairie en méditant sur la mort, on se heurte, sur ce sujet, à un mur de surdité chez la plupart de nos contemporains. Mais si l'on arrive à faire un lien entre ce qui nous attend lorsque nous mourrons et ce que nous faisons de notre vie à chaque instant, je crois qu'un message existentiel est possible. Et ce message a pour caractéristique son universalité, c'est-à-dire qu'il n'est appropriable par aucune religion. De plus, si la notion de jugement, et sa logique du permis et du défendu, ne vient pas aggraver le rejet instinctif de ces questions, on peut ouvrir une dynamique de liberté qui peut encourager chacun à, sans cesse, souhaiter choisir davantage la vie que la mort.

Si les croyants pensent que Dieu destine tout homme à une vie qui ne finira jamais, pourquoi faut-il passer par l'épreuve de la mort ? Quelle est la signification de cet événement ? Et si l'on peut, à tout moment, au long de notre vie, infléchir le cours de nos existences par les choix que nous faisons, il est manifeste que la mort viendra fixer notre destinée éternelle au moment même où nous passerons de vie à trépas.

Plus encore, comme le rappelle saint Paul dans la première lettre à Timothée, Dieu « veut que tous les hommes soient sauvés et parviennent à la pleine connaissance de la vérité » (1 Tm 2, 4). Mais alors que deviendront tous les êtres humains, et ils sont nombreux, qui ne semblent jamais parvenir, ou si peu, durant leur vie terrestre, à la connaissance de la vérité ? Quant à l'exercice conscient et déterminé de la liberté afin d'engager sa propre éternité, on sent bien qu'au cours de l'existence terrestre, bien peu d'êtres humains y parviennent, absorbés qu'ils sont par la fructification de leurs plaisirs terrestres, même les plus modestes.

Au moment de notre mort, à l'instant précis de notre décès réel, c'est-à-dire à l'instant de notre naissance à la vie spirituelle, je crois que nous accéderons à une parfaite conscience de nous-mêmes, au point de pouvoir poser un acte libre qui déterminera notre éternité. On peut en effet rationnellement admettre que le corps dans lequel nous passons notre vie terrestre brouille la lumière de notre conscience. Et c'est donc en quittant notre corps que notre âme pourra se connaître parfaitement. Elle découvrira alors pleinement les relations qui constituent son être profond, que ce soit avec les autres, elle-même et surtout avec Dieu qui l'invitera alors à entrer en participation de la vie trinitaire.

Mais c'est aussi alors que jouera, de façon inconnue jusque-là, la liberté pour laquelle nous avons été créés. Et il nous sera proposé d'accepter librement de vivre ces relations avec gratitude et amour ou de les refuser en nous repliant dans un égoïsme orgueilleux. Or, ce choix parfaitement libre de l'être que nous serons, pour l'éternité, sera déterminé par tous les actes de notre vie et particulièrement par les mouvements intérieurs qui sont si importants car ils nous orientent, au long de notre existence, soit vers plus de communion et de charité, soit vers l'isolement de l'égoïsme et de l'orgueil.

La vie est donc comme un long apprentissage de la mort durant lequel nous nous préparons, sans vraiment le réaliser la plupart du temps, au choix définitif que nous ferons. Dans cette perspective, il n'est jamais trop tard pour se convertir à une vie meilleure, mais repousser cette disposition à plus tard revient à agir contre l'amour.

Notre existence terrestre, dans chacune de ses parcelles, revêt donc, dans la perspective de ce que l'on pourrait appeler « l'option finale », une importance considérable. La liberté qui nous est donnée tout au long de notre vie signifie que nous avons le pouvoir de création de nous-mêmes. Cette vision du sens de la mort vient tous nous inviter à considérer avec enthousiasme l'infinie richesse de nos élans, même les plus petits, vers l'ouverture et la vie. Elle nous encourage à les cultiver, chacun à notre manière, en ne perdant jamais la visée qui est que l'être le plus heureux dans l'éternité sera celui qui se sera voulu au maximum avec les autres, en communion d'amour avec tout le réel. Et inversement le plus malheureux sera celui qui, replié sur lui-même dans l'isolement, se sera voulu sans les autres. Ce dernier sera dans un enfer qu'il se sera choisi. Sans ce choix personnel il ne pourrait y avoir d'enfer.

L'écrivain britannique contemporain C. S. Lewis, connu du grand public pour les célèbres *Chroniques de Narnia*, a par ailleurs commis un étonnant petit livre intitulé *Le grand divorce*[1]. Dans un récit onirique au cours duquel l'auteur croise notamment un de ses maîtres à penser (un pasteur presbytérien écossais du nom de George MacDonald), ce dernier lui livre sa vision de l'enfer et du paradis chrétiens. Il y est question de choix, qu'il décrit de la façon suivante :

> Il n'y a que deux sortes de gens : ceux qui disent à Dieu « que ta volonté soit faite » et ceux auxquels finalement Dieu dit : « Que ta volonté soit faite. » Tous ceux qui sont en enfer y sont parce qu'ils l'ont choisi. Sans ce choix personnel, il ne pourrait pas y avoir d'enfer. La joie n'échappera à aucune âme qui la désire avec honnêteté et constance.

De l'être sensuel, qui selon lui :

> Commence par poursuivre un plaisir réel, quoique limité, il pronostique que : vient le temps où son plaisir diminue tandis que son désir a tendance à s'exacerber. Et d'ajouter : bien qu'il sache que la joie ne lui sera jamais donnée de cette façon, il lui préfère cependant les simples caresses de son

1. Clive Staples Lewis, *Le grand divorce. Entre le ciel et la terre*, Éditions Raphaël, Paris, 2000.

insatiable convoitise et serait prêt à tout pour la garder. Il voudrait bien encore se gratter ; mais même quand il ne le peut plus, il préfère encore être démangé que guéri.

Triste péché et pauvre pécheur en somme !

III

Le vol de la mouche

LONGTEMPS ma vie a ressemblé au vol d'une mouche qui se heurte brutalement contre une vitre en voulant rejoindre la lumière extérieure. Rien n'arrête la mouche dans son désir constant d'atteindre le jour et, en tout cas, pas le choc bruyant et douloureux de sa carcasse contre le mur invisible qui la retient prisonnière. Les mouches n'ont ni la mémoire de ce qui les fait chuter, ni du découragement dans leur entreprise d'évasion. Bien que désespérante, cette scène est aussi magnifique, tant le désir de la lumière extérieure reste intact malgré les échecs répétés.

Or j'ai toujours vécu, avec quelques éclipses, un pareil attrait pour la lumière. Quels que soient les ténèbres et le filet qui m'ont tenu loin de mon idéal de vie, l'élan est toujours revenu, avant de l'emporter puis de se briser à nouveau. Certes, la chute et le relèvement sont au cœur de toute vie. Mais ils peuvent être des étapes sur un chemin de croissance ou, au contraire, un perpétuel retour en arrière. Pour ma part, je me suis longtemps reconnu dans le second scénario.

Un événement pourtant est venu bouleverser le vol de la mouche intérieure, en ouvrant paradoxalement une fenêtre vers la lumière. Et si, depuis, d'autres chutes, d'autres épreuves, m'ont atteint, le cycle infernal de la brisure systématique de l'élan vital s'est interrompu.

Tout a commencé le jour où j'ai été confronté avec brutalité à la question de savoir ce qu'aimer veut dire. Et cette interrogation est entrée dans ma vie par un événement dont la violence fut telle qu'il me convainquit, un temps, que je n'en savais rien. Une de mes collaboratrices m'accusait en effet, devant le tribunal des prud'hommes, de l'avoir rendue malade à force de harcèlement moral.

L'effet produit par cette affaire, dans ma vie, fut dévastateur. Telle une bombe, elle me plongea dans une forme de descente aux enfers. Non que j'aie eu alors des visions du feu éternel dévorant le corps du damné, mais la conviction implacable de ne pas savoir aimer s'insinua en moi. L'angoissante motion intérieure m'incitait à remettre en cause ma façon d'être en relation avec mon entourage. Une voix me répétait sans cesse que j'étais un être froid et sans affect. Ces sentiments furent particulièrement présents au cours d'une nuit : celle qui précéda la fête de Pâques suivant la mise en accusation. Je me réveillai ce matin-là habité par la certitude de n'avoir jamais su aimer et le vertige qui l'accompagnait. Un goût de cendres dans la bouche, je n'aurais pas pu décrire l'affreux songe que je venais de vivre. À l'unisson du curé de campagne de Georges Bernanos, j'aurais alors voulu crier : « L'enfer, madame, c'est de ne plus aimer ! » ou, pire encore, de n'avoir jamais su aimer !

Le plus étrange était de constater que je ne parvenais pas à me raisonner afin de résister au cancer de l'âme qui me gagnait. Car si je n'avais pas de doute quant au caractère mensonger de l'accusation, cet événement venait éveiller dans mes profondeurs une question existentielle inattendue, que je ne pouvais pas étouffer tant elle était pressante. J'étais saisi par des forces de mort qui pouvaient alors m'attirer vers le néant, à moins peut-être de parvenir à les transformer en forces de vie. Mais au stade où j'en étais, cela ne m'était pas possible, d'autant que le temps de la justice est un temps long, qui laisse aux forces à l'œuvre l'espace nécessaire pour distiller leur poison.

Ainsi, bien que la procédure judiciaire m'innocentât totalement des accusations dont j'étais l'objet, le salut me vint d'ailleurs. La proposition me fut en effet faite, peu de temps après, de vivre une aventure spirituelle ambitieuse, conçue par Ignace de Loyola au XVIe siècle. Intitulée *Exercices spirituels*, elle est proposée habituellement dans un centre fermé pendant une durée d'un mois. Mais dans mon cas, le prêtre jésuite qui m'en fit la proposition m'invita à vivre les *Exercices* dans la vie courante. Ainsi vécue, la retraite dite des trente jours se déroule sans interrompre le cours de sa vie quotidienne et peut s'étaler sur plusieurs années, ce qui fut mon choix.

Selon la description qu'en donne son auteur :

> De même que se promener, marcher et courir sont des exercices corporels, de même on appelle exercices spirituels toute manière de préparer et de disposer l'âme pour écarter de soi tous les attachements désordonnés et, après les avoir écartés, pour chercher et trouver la volonté divine dans la disposition de sa vie en vue du salut de son âme[1].

La proposition d'Ignace consiste à s'isoler du monde pendant un mois, afin de vivre un véritable programme de remise en forme spirituelle. Mais, pas plus que je ne pouvais l'envisager pour soigner mon corps, je ne l'envisageais pour soigner mon âme. La solution qui m'était proposée de vivre cette expérience sans quitter le monde levait donc les préventions. Restait à évaluer l'ampleur de l'engagement requis, à savoir une demi-heure de prière matinale, une relecture de sa journée et un rendez-vous avec mon accompagnateur tous les quinze jours. L'évocation des trente minutes de prière quotidienne me donna le vertige. Comment être fidèle à un tel engagement, seul, dans son coin ? Comment ne pas

1. Saint Ignace de Loyola, *Exercices spirituels*, Desclée de Brouwer, Paris, 1992.

décevoir celui qui se dit prêt à m'accompagner sur un tel chemin de crête ?

Aussitôt, ma première préoccupation fut de choisir le lieu du nouveau rendez-vous quotidien. Où allais-je m'installer, sans risquer d'être dérangé par les habitants de la maison ? Des travaux, entrepris quelques années plus tôt, avaient permis de gagner une poignée de mètres carrés dans le sous-sol de notre maison. C'est donc là que je disposai au mur une icône du Christ et, lui faisant face, un fauteuil confortable, sans doute l'une des meilleures ventes d'une célèbre marque suédoise d'ameublement pour son rapport qualité-prix. Le choix de cette assise confortable manifestait mon désir d'éviter de tomber dans la surenchère des signes extérieurs de religiosité, dont la traditionnelle position à genoux, qui risque d'accaparer l'esprit et de gonfler l'orgueil.

Comme une molécule nouvelle, suscitant des réactions chimiques encore inconnues, j'introduisis, de façon libre et volontaire, l'ajustement de la vie quotidienne que mon choix imposait : avancer mon réveil d'une demi-heure. Et me voilà, le premier matin, les yeux mi-clos, en pyjama, fixant l'icône. À cet instant, mon esprit était pris entre les brumes d'un réveil anticipé et l'ivresse d'un départ pour une randonnée à la durée et à la destination inconnues.

En chrétien de bonne volonté, je n'en étais pas à ma première tentative de vie spirituelle régulière. C'est pourquoi s'agitait déjà en moi la peur de tous les diables résidents, annonciateurs des rechutes programmées. Malgré le soutien de mon guide confirmé des ascensions spirituelles, je ne manquerai pas, pensais-je, de délaisser bientôt le rendez-vous quotidien. Une fois de plus, la peur, compagne possessive et sa sœur, l'autodépréciation, installaient leurs quartiers dans mon esprit prisonnier. À quoi s'ajoutait un sac à dos lesté du poids de ma récente mais bien arrimée conviction : celle de ne pas savoir aimer.

Pourtant, étonnamment, dès les premières oraisons, une motivation douce s'installa en moi. Le réveil était facile et une joie simple planait sur ma prière. Je fis d'entrée l'expérience d'un goût, inconnu jusque-là, fait d'intensité et de désir joyeux, qui avait la saveur d'un cadeau, à la fois inattendu, immérité mais, sans doute, éphémère. Transfigurant le sentiment d'incongruité de ma nouvelle station matinale, ce goût diffusait une onde de bonheur qui faisait vibrer non seulement ma demi-heure de prière, mais aussi bien d'autres instants de l'existence. Et déjà se posait la question de savoir comment garder et cultiver ce précieux sentiment? Pour l'heure, je l'ignorais, mais il me semblait que cette vibration était le signe d'un encouragement à persister dans l'engagement.

Pour ce qui relève de la volonté, une résolution vint d'emblée renforcer ma marche : le refus absolu de juger ma prière. Au lieu de succomber à la tentation la plus naturelle, consistant à juger ce que je vivais chaque fois que j'essayais de prier, je décidai de verrouiller cette porte. La prière serait ce qu'elle serait : un acte de générosité à l'égard de mon Créateur et mon censeur intérieur serait sans effet sur elle.

Comment avais-je été et comment étais-je présent aux autres, au monde et à Dieu ? Voilà le cœur de la démarche entamée et les événements de ma vie venaient d'y contribuer grandement. J'allais progressivement, patiemment, prendre conscience de ma façon d'être en relation, donnant ainsi à mon existence une épaisseur et une intensité jusque-là inconnues. Sans grand bouleversement dans mon quotidien, j'étais invité à lire et relire le fil de ma vie de chaque jour, dans son contenu le plus anodin. Pas à pas, j'apprenais à en récolter les beautés, à en regretter les errements et les fautes et à remettre tout ce matériau entre les mains de Dieu pour en puiser le fruit.

Au cœur de la démarche de foi ainsi entreprise, j'étais invité par l'accompagnateur à choisir des textes bibliques et à les contempler. La méthode, héritée de saint Ignace, consiste à visualiser la scène retenue, à en voir les personnages, à entendre ce qu'ils disent et ainsi, par l'imagination, à entrer dans la profondeur humaine et spirituelle de ce qu'il nomme « composition du lieu ». Alors, par l'effet de la répétition, de jour en jour, de nouveaux aspects des textes en question viennent toucher celui qui les médite. Et il n'est pas rare qu'un priant reste plusieurs jours ou semaines sur le même récit, voire sur la même phrase. Il découvre qu'il n'a jamais épuisé la richesse que recèlent les textes qu'il médite. Tel un fruit gorgé de jus, la répétition permet de le presser longtemps et d'en sortir toujours une source de vie pour soi, personnellement.

La contemplation évangélique était appelée, jour après jour, à entrer en résonance avec les événements, petits et grands, de ma vie. Ainsi, progressivement, dans l'incessant écho que produit la lecture de la Bible dans la vie du quotidien, se dessinait pour moi le sens profond de ce qu'on appelle « la Parole de Dieu ». Non plus des pages et des pages de textes plus ou moins compréhensibles, mais tel ou tel extrait qui devient une adresse personnelle. Sous l'effet de la répétition, il vient me rejoindre au lieu de mon combat. Tel un onguent dont on ne connaît pas a priori les vertus pour soi, un texte, une phrase, parviennent, étonnamment, à guérir une peur, à soigner une blessure intérieure capable de faire verser dans la désespérance. Comme le métier de l'artisan transforme, à la longue, la matière qu'il travaille, la Parole vient s'adresser, consciemment et inconsciemment, à l'être profond et, par là, le transforme.

Ainsi, par exemple, au fil du temps, le « garde-moi mon Dieu : j'ai fait de toi mon refuge », qui introduit le psaume 15, est devenu mon abri des mauvais jours. Je m'y love, comme je me love en Dieu, pour trouver le repos et savoir, presque charnellement, que son amour, inconditionnellement, ne m'abandonnera jamais.

Et, chemin faisant, je m'identifiais à Ignace qui, selon l'un de ses biographes, dans sa conversion, ne voulait « rien céder à ces illusions de la mémoire et de l'amour de soi, qui [...] enferment chaque homme dans sa nuit particulière, et jettent un filet sur la créature pour l'empêcher de s'approcher de son créateur et d'y goûter la joie parfaite[1] ». Car seule la Parole de Dieu peut pénétrer nos ténèbres les plus reculées pour finir par les éclairer.

Cependant, comme le fondateur de la Compagnie de Jésus, et comme chaque être voulant honnêtement mener sa vie, je butais sans cesse sur ce qui me décourageait d'aller de l'avant. Et voilà que s'ouvrait sans relâche à moi, en acceptant seulement de me savoir aimé et pardonné, un chemin de vie où tout fait sens, où chaque instant de vie est une œuvre d'art à réaliser.

Dans les premiers temps des *Exercices*, je vécus la grâce d'être attiré vers Dieu dans la prière avec une intensité particulière. Quel que soit mon lieu de vie, je me levais dans la nuit pour le retrouver. Moi qui avais craint de ne pas trouver le courage de tenir mon engagement, j'étais spontanément saisi, dès les premiers instants de mon réveil, par le désir de prier. Les yeux fermés, je suivais ce qui structure depuis chacune de mes oraisons.

Tout d'abord, se mettre en présence du Seigneur. Je suis là, il m'attend, je n'ai qu'à faire silence pour

1. François SUREAU, *Inigo*, Gallimard, Paris, 2010.

m'ouvrir à lui. Puis, je lui adresse une demande de grâce. Ma liberté est entière de lui demander ce que je désire pour ma vie spirituelle. Vient alors la contemplation du texte choisi, dans lequel on pénètre avec toute son imagination, pour se figurer intérieurement ce qu'il contient. Là, au milieu du tumulte intérieur, l'Esprit s'arrête sur ce qui le touche particulièrement et dont il ressent, comme un cadeau de l'Esprit, qu'il constitue une parole qui lui est plus particulièrement adressée. Enfin, pour clore la prière, je récite intérieurement le Notre-Père.

Assoiffé d'aimer et de comprendre ce qui entravait ma capacité dans ce domaine, je découvrais à travers le chemin des *Exercices spirituels* une invitation pressante à me rendre libre, libre pour mieux aimer. Dès lors, quels étaient les verrous puissants qui entravaient cette capacité ?

En relisant ma vie, je constatai deux choses contradictoires : mes aliénations ne m'empêchaient pas d'avancer et de construire mon existence, mais elles restaient d'une actualité forte. Dans ma relation à Dieu, si je devais faire le bilan des années vécues jusque-là, je dirais qu'elles tenaient une place centrale. Comment ? En l'éloignant de moi par un sentiment profond d'indignité. Le mal, en son mystérieux pouvoir, parvenait depuis tant d'années, avec une efficacité intacte, à me dissuader de croire que la vie spirituelle m'était ouverte. La désolation l'emportait si souvent que j'étais profondément sceptique sur les chances que cela changeât et paradoxalement j'étais toujours aussi enclin à me tourner vers la lumière, même si c'était pour me fracasser sur la vitre.

Allais-je découvrir avec les *Exercices* un chemin nouveau, une face inconnue jusque-là ? Mon accompagnateur me répétait que Dieu veut la relation. Or une relation authentique fait apparaître le meilleur et le pire. Jusque-là, j'acquiesçais sans difficulté. Mais ce qui constituait une prise de conscience originale et peut-être une révolution dès lors qu'elle serait mise en pratique, c'est que Dieu souhaitait me rejoindre en priorité dans le pire. Je tenais là une première clef pour vivre l'avenir différemment : ne plus me détourner du médecin lorsque je tombais malade mais, au contraire, lui montrer mes blessures, lui ouvrir mes plaies, lui faire voir mes humeurs, sans crainte d'être jugé et condamné. Mais à l'évidence, cela resterait plus facile à dire qu'à vivre. En effet, derrière l'image positive que je tentais d'offrir aux autres, au long de ma vie quotidienne, l'accumulation des ruptures de relation venait entraver la poursuite de ma communion au Divin et me frapper d'indignité. Mon étonnante difficulté à croire au pardon et à la réconciliation m'incitait à choisir d'interrompre ma relation à Dieu chaque fois que je ne m'en sentais plus digne. Voilà la réalité de mon cycle vicieux par lequel, accidenté au bord de la route, je rampais dans le talus pour ne pas être vu des secours lorsqu'ils arrivaient pour me sauver. Je vivais combien le péché pouvait dicter en moi sa fatalité infernale de rupture de la relation avec mon Sauveur et installait une douloureuse incapacité à y remédier.

Les *Exercices spirituels* m'invitaient à rompre le filet qui me tenait enchaîné. Ils m'incitaient à considérer que ce n'était pas le péché qui était premier, mais l'amour dont je suis personnellement aimé. J'étais pardonné et je prenais conscience, en relisant ma vie, que Dieu avait toujours été là et m'avait protégé.

En attendant, ma toute jeune vie de prière était d'emblée confrontée à la tentation de chercher dans mon engagement un retour sur investissement. Si je me réveillais plus tôt chaque matin et restais recueilli trente minutes, prises sur le sommeil, c'était pour que quelque chose change dans ma vie. Le marchandage intérieur avec le Seigneur, bien qu'inavoué, était déjà à l'œuvre : si je te donne ce temps, qu'est-ce que tu me donnes en retour ? Et s'il n'y a pas d'avantage à prier par rapport à ceux qui ne prient pas, alors à quoi bon ?

L'interrogation et l'attente qu'elle sous-tend ne sont pas malsaines puisque l'accession à la vie spirituelle porte la promesse de la renaissance de l'être. Jésus le dit à Nicodème, lors de sa visite nocturne (cf. Jn 3). La vie spirituelle influe en profondeur sur la façon d'être en relation avec soi, le monde et Dieu. Cependant, ces évolutions sont lentes et la plupart du temps imperceptibles.

Parmi les textes des *Exercices*, il en est un qui joue un rôle particulier parce qu'il indique le sens même de la vie humaine. Intitulé par Ignace : « Principe et fondement[1] », il porte bien son nom. Aussi le retraitant est-il invité à le considérer et le méditer longuement. Il rappelle à chaque vivant la raison de sa présence sur cette terre. Et c'est un signe aigu de la sécularisation que de constater, en lisant la phrase qui va suivre, à quel point l'homme d'aujourd'hui s'est éloigné de cette affirmation : « L'homme, écrit Ignace, est créé pour louer, respecter et servir Dieu notre Seigneur et par là sauver son âme. » Qui de nos contemporains mène son existence à la lumière de cette affirmation, sinon une infime minorité ? Qui se préoccupe seulement de sauver son âme ? L'expression de salut semble presque d'un autre âge. Son sens littéral n'est-il pas d'être sauvé du péché et de la damnation ? Pourtant, le récit évangélique dans lequel le collecteur des impôts, Zachée, accueille Jésus dans sa maison, m'en a fait pénétrer le sens. Face à la conversion aussi radicale qu'inattendue du cœur de son hôte, collaborateur zélé de l'occupant romain et avide de gains, Jésus proclame : « Aujourd'hui, le salut est arrivé pour cette maison, car lui aussi est un fils d'Abraham. En effet, le Fils de l'homme est venu chercher et sauver ce qui était perdu » (Lc 19, 9-10). Le terme prit à travers l'affirmation de Jésus une réalité lumineuse : le « salut », c'est l'accueil de Jésus, en d'autres termes, le fait d'entrer dans une relation personnelle avec Lui. Au début des *Exercices*

1. Saint Ignace de Loyola, *Exercices spirituels*, *op. cit.*, n° 23.

spirituels j'avais entendu cet appel mais, à présent, il se dessinait concrètement.

Pour l'heure, je passais de longs temps de méditation sur la définition que donne Ignace de la finalité de toute vie humaine, découvrant par-là la joie simple et profonde d'accepter d'être aimé, et de contempler le sens de ma vie. Je vibrais intérieurement de l'exaltation enfantine des êtres qui marchent dans la confiance. Et si dans mes journées, les bienfaits de ma contemplation se perdaient dans l'agitation de mes emplois, je m'ancrais intérieurement dans une densité existentielle inconnue jusque-là.

Dans la suite de son texte, Ignace explique que: « Les autres choses sur la face de la terre sont créées pour l'homme, pour l'aider dans la poursuite de la fin pour laquelle il est créé. » De quoi il tire comme conclusion que pour se rendre libre pour aimer, l'être humain doit atteindre un état d'indifférence aux choses créées au point de ne pas vouloir davantage: « La santé que la maladie, la richesse que la pauvreté, l'honneur que le déshonneur, une vie longue qu'une vie courte et ainsi de suite pour tout le reste. » Or la radicalité de ces affirmations flattait chez moi une tendance ancienne, mais toujours éphémère, à mépriser les aspirations humaines les plus communes. Non pas que je sois moi-même un modèle de détachement et que mes choix de vie soient inspirés par un tel état d'esprit, mais je retrouvais là mon goût ancien pour les chemins de crête, même si je ne les avais empruntés qu'avec parcimonie. Et lorsque mon accompagnateur résuma un jour l'enjeu de la vie chrétienne par la formule lapidaire : « Passer de l'avoir possession à l'être en relation », il me sembla goûter là la joie profonde de ceux qui s'approchent de la vérité suprême.

Paradoxalement, la confrontation avec ses propres fragilités peut prendre, au long du chemin des *Exercices*, vécus dans la vie, une acuité particulière. Tel fut mon cas. Dès lors, tandis que l'on pense suivre un chemin de croissance, les entrées en tentation peuvent se multiplier, au point de susciter des abîmes de tristesse.

Dans ces moments, le seul devoir serait de lever les bras en l'air, comme un enlisé qui s'enfonce, afin d'être vu des secours et de les appeler, de les supplier. Mais aussi de tenter, dans un mouvement contradictoire, de mettre le danger à distance en ne dramatisant pas ce qui pourtant peut incontestablement altérer la relation aux autres et à Dieu. Car il y a souvent, dans le jeu subtil de la tentation, un cercle vicieux que l'on peut désigner comme étant le joug propre à chaque existence. Dans le sentiment de déshonneur qui nous habite alors, se cache, indicible, l'énergie démoniaque de la prochaine fois. Dans la souffrance aiguë du vertige, est tapie l'ivresse de la possibilité d'une future transgression.

S'il n'est pas question de remettre en cause, ni le danger, ni les sentiments de dégoût qui l'accompagnent, on peut analyser lucidement ce que leur répétition porte de prévisible, de solidement ancré et finalement aussi de solidement désiré. Tomber et se relever est au cœur de la vie d'homme et de chrétien, mais le mal qui menace peut s'avérer suspect de connivences que la vie spirituelle peut contribuer à débusquer avec une pertinence particulière. Elle peut, en effet, faire éprouver combien Dieu n'est jamais économe de sa grâce et ne se lasse jamais de pardonner.

Plus profondément, il peut sembler que l'épreuve et les abattements contredisent le bénéfice des *Exercices*. La confusion intérieure qui gagne alors invite à chercher ailleurs que dans les schémas de pensée les plus usés la lumière que l'on espère. Ainsi, la lecture des propos d'André Louf, ancien père abbé de la Trappe du Mont-des-Cats, éclaire d'une lumière particulière de telles situations lorsqu'il dit de Dieu :

> Qu'il semble avoir besoin du péché, qui fait partie de l'économie du salut, puisqu'il nous détache de notre amour-propre, de nos fausses culpabilités, de notre prétention à bâtir par nos propres forces notre édifice spirituel. Alors que nous pensions toucher le Seigneur par le déploiement de nos efforts, l'étalage de notre vertu, c'est notre misère qui active la miséricorde. Le péché est « le combustible de l'amour » : à l'instant même où il est révélé, il est déjà pardonné[1].

1. Charles Wright, *Le chemin du cœur. L'expérience spirituelle d'André Louf*, Salvator, Paris, 2017, p. 148.

Le texte du publicain et du pharisien (cf. Lc 18, 9-14) vient en écho à ces tribulations rappeler un message de fond : le péché donne l'occasion de quitter l'autosatisfaction qui revient si souvent à la surface. Car il y a une grande distance entre les sentiments passagers d'indignité face à l'image que l'on entretient de soi-même et ce que produit en soi la possibilité de rompre la relation avec Dieu et ses frères. Et, selon un schéma de pensée vieux comme beaucoup de vies chrétiennes et les sentiments de culpabilité qui les accompagnent, beaucoup pensent à tort que le seul fait de connaître la tentation rend indigne d'être appelé ami du Christ. La mise à nu de sa fragilité profonde donne l'occasion d'endosser les sentiments du publicain de l'Évangile, qui n'ose même pas lever la tête dans le Temple tant il se sent indigne du lieu et de ce qui s'y vit, tandis que le pharisien se félicite de n'être pas aussi moche que ceux qui l'entourent !

Progressivement, on constate que les relèvements deviennent plus aisés. Alors qu'on passait auparavant par de longues périodes de sécheresse, fruit de la culpabilité, la relation avec Dieu et les frères se rétablit autrement. Avec le centurion de l'Évangile (cf. Mt 8, 8), qui supplie Jésus de guérir un esclave qui lui était cher, on répète dans sa prière : « Seigneur, je ne suis pas digne que tu entres sous mon toit, mais dis seulement une parole et mon serviteur sera guéri. » Et, se souvenant de la formule d'un moine à qui on demandait ce qu'il faisait au monastère et qui avait répondu : « On tombe et on se relève », on peut se dire alors que pour nous la vérité est : « Je tombe et Il me relève. »

La dimension profonde de l'épreuve est de nous faire sentir à quel point, au cœur de l'existence, le choix entre la vie et la mort tient une place centrale et quotidienne. Choisir la vie, en combattant ce qui mène à la chute, devient un chemin de libération conscient, à renouveler sans cesse.

IV

Ne pleure pas

JÉSUS, au long de sa vie publique, a aimanté les foules. Ainsi, le récit dit de « la veuve de Naïm » (cf. Lc 7, 11-16) commence par ce constat : « Ses disciples faisaient route avec lui, ainsi qu'une grande foule. » Mais ce jour-là, il rencontre une foule « importante », donc sans doute plus grande encore que celle qui le suit, et surtout d'une tout autre nature. En effet, les personnes qui marchent à sa suite ont pour point commun l'attrait pour cet homme hors norme, dont la parole touche le cœur de chacun. On imagine dès lors une assemblée indisciplinée et bruyante. Au contraire, la foule qu'ils croisent est tout entière rassemblée, comme un seul bloc, autour d'un même événement : les obsèques d'un fils unique dont la mère est veuve.

Cette dernière phrase est cruciale. L'évangéliste Luc aurait pu se contenter d'évoquer un convoi funéraire. Cela suffirait à décrire ce que l'on voit. Mais évoquer le statut du fils mort et de sa mère, c'est donner une identité à ce qui n'en a pas a priori. Tous les convois funéraires se ressemblent, au nombre près des personnes qui s'y joignent. Et ce dernier élément, qui n'est pas un détail, suscite souvent une saine curiosité. Combien de fois ai-je été interrogé, au fond d'une église où se rassemblait une nombreuse assemblée, par des gens interpellés, par la nature de l'événement ? J'ai même relevé aux obsèques d'une jeune femme célébrées en présence d'une foule nombreuse, un message sur le registre de condoléances d'un passant inconnu, qui exprimait sa communion anonyme à la peine de l'assistance.

Ce que sous-entend le texte de l'Évangile, c'est que Jésus s'est renseigné pour savoir pourquoi l'assemblée, à la suite de ce mort, est si nombreuse. Et il a bien fait, car ce qui se déroule sous ses yeux n'est pas n'importe quel deuil. C'est un concentré de malheur. La femme qui suit le mort est une veuve, ce qui veut dire, dans la société juive de l'époque, un être déclassé, qui enterre son fils unique, son ultime raison de vivre. Et comme pour en rajouter dans la pauvreté radicale dans laquelle elle est plongée, Luc ne lui donne pas de nom, mais la situe en référence à la ville où elle réside : « La veuve de Naïm ». En même temps, Naïm est son trésor, celui qui va lui valoir d'être sauvée par la Providence. En effet, la foule qui la suit est sortie de la ville. Dans son immense malheur, au plus profond de sa tristesse, elle est portée par un cortège immense et solidaire, de voisins, d'amis, d'inconnus et de son clan. C'est là son ultime identité et son salut. Car sans cette foule,

Jésus ne l'aurait sans doute pas même remarquée, lui qui était entouré par tant de personnes.

L'espace d'un court moment, le choc des deux groupes qui se croisent crée le trouble. Celui, bruyant, qui suit Jésus, s'arrête pour laisser passer l'autre, compact et silencieux, qui porte physiquement la douleur la plus vive. Peut-être le regard de la veuve a-t-il croisé celui de Jésus ? Plus sûrement, malgré ses yeux brouillés par les larmes, voit-elle cette horde suivant un leader inconnu qui marche en tête. Mais à cet instant, rien ne peut la détourner de son immense malheur qui est toute son identité.

Pourtant, c'est à ce moment-là que l'inouï survient. L'inconnu à la tête de la foule va bousculer les convenances minimums en pareille circonstance. Jésus voit la veuve, s'approche d'elle et lui parle. Imaginez la scène : alors que le deuil de cette femme constitue comme une bulle inviolable de protection, au moment hautement symbolique où le corps de son seul trésor va être déposé en terre, un homme, qu'elle ne connaît pas, ose s'avancer vers elle. Faisant cela, il interrompt et donc perturbe le bon déroulement du convoi. Mais voilà qu'il est mû par ce qu'aucun de nous n'est capable de ressentir en pareille circonstance : une compassion totale, au point que la souffrance de la veuve coule à présent au plus profond de son être. Il l'a faite sienne. Et comme une mère devant la douleur de son enfant, Jésus prononce la phrase la plus inattendue et la plus choquante en cette circonstance : « Ne pleure pas. »

Non content d'interrompre un rite sacré, l'inconnu donne à la veuve un ordre. Pourtant, pleurer, n'est-ce pas son ultime liberté, la plus élémentaire pour une veuve qui enterre son fils unique ? Qui pourrait l'en empêcher ?

Rien à présent ne peut arrêter les effets de la bombe compassionnelle que l'événement vient de déclencher en Jésus : toucher le cercueil, arrêter le convoi, appeler le fils unique du plus profond de sa torpeur pour qu'il se mette sur son séant puis le rendre à sa mère dont on a peine à imaginer le choc tant il est joyeux. Tout cela se déroule comme un processus en chaîne, une sorte de réaction physique dont le détonateur est la capacité surnaturelle à compatir vraiment, totalement. « Ne pleure pas ! », et c'est notre humanité qui est transfigurée, divinisée, car en Jésus elle est capable de prendre la douleur de l'autre pour la faire sienne, intégralement, sans retenue, comme seul peut le faire un être qui s'est vidé de tout ego afin d'être pleinement dans la relation.

Malgré l'inatteignable d'un tel récit, il constitue pour moi une source d'inspiration profonde. En effet, recevoir une famille pour un deuil, sans autre objectif que de la servir et de l'accompagner au long du parcours rituel des obsèques, renouvelle à chaque fois le miracle de la compassion. Et si nous ne ressusciterons jamais aucun mort, notre simple présence peut contribuer à la consolation, de préférence sans que nous le sachions.

Je connais peu de positions aussi ingrates que celle de l'agent funéraire. On apprécie notre invisibilité ; nous gérons un administratif kafkaïen sur lequel il n'y a que des coups à prendre et notre image sociale suscite, au mieux, de la commisération et, le plus souvent, de la moquerie. Et pourtant, je témoigne, après toutes ces années, que ce métier est d'une noblesse profonde. Il la puise dans son utilité. Car si la société nous rejette, elle découvre au moment d'un deuil combien elle a besoin de nos services pour bâtir et vivre son parcours rituel à la suite du défunt.

Je crois profondément que le miracle de la consolation de nos veuves de Naïm du quotidien tient à notre présence. Elle consiste à oser être là, à y donner de son temps et à accepter de se laisser déplacer, au propre comme au figuré. Communier à la douleur des gens, dans notre activité, ce n'est pas se chercher un rôle pour se montrer, comme le font les maîtres de cérémonie en mal d'identité. « Si les membres de la famille veulent bien s'avancer », proclament-ils d'une voix bien forte. Et la gêne s'installe alors devant ces auxiliaires de la liturgie sans véritable légitimité.

Il m'aura fallu de longues années et tant et tant d'heures passées auprès des endeuillés, au long des différentes étapes du parcours des funérailles, pour réaliser que pas une seconde de ce temps n'est jamais perdue. Être avec, accompagner, partager le pain, suppose d'être disponible. Et Dieu sait que cela peut mobiliser parfois des trésors de patience ! Mais c'est à ce prix que l'on peut devenir une présence consolante.

Devenir une présence, voilà l'enjeu. Non plus seulement être dans l'agir, qui d'ailleurs, dans notre métier, est toujours assez dérisoire, mais être présent, réellement. Tel est notre magistère profond.

Une présence qui rassure, car les pas des endeuillés au long du parcours rituel sont mal assurés. Beaucoup franchissent à cette occasion le seuil des églises qu'ils ne fréquentent plus, sans parler des lieux mortuaires marqués par leur marginalité profonde.

Être une présence qui communie à ce qui se vit. Nous assistons à de si belles cérémonies. La parole des célébrants y est souvent si magistralement ajustée pour aider l'assistance à élever le regard vers l'horizon de l'après. Vraiment pour qui sait entendre, nous sommes témoins de merveilles. Et dès lors, communiquer notre émerveillement aux proches, en leur disant combien la célébration des obsèques de leur parent était une belle cérémonie, les confirme dans leur sentiment d'avoir accompli leur devoir d'hommage au disparu.

Être une présence qui témoigne. Tant de gens nous voient en pensant que notre quotidien est tout simplement insupportable. Face à ces préjugés, être soi-même, épanoui dans sa mission. Personnellement j'aime sourire aux enterrements car c'est un antidote aux postures de circonstances. Il n'est pas interdit de témoigner de la joie de l'Évangile au long des parcours rituels d'obsèques. Au contraire, je crois que c'est le moment de laisser transparaître un peu de la lumière qui nous habite quand nos frères que nous accompagnons sont plongés dans l'obscurité.

Être une présence fraternelle, là où le parcours nous mène, dans les lieux les plus profondément déshumanisés parfois, et y devenir témoin de la Pâques du Seigneur, secrètement, au fond de son cœur, sans besoin de proclamer sa foi, mais simplement en l'incarnant secrètement.

Être une présence qui ose aller vers ceux qui souffrent, car il n'y a pas de consolation sans l'audace d'une parole, d'un geste ou simplement d'un silence.

Sur le chemin de l'apprentissage de la présence authentique, Jésus est notre maître. Lui sait voir et reconnaître les situations de vie qu'il croise. Et ne mettons pas ce charisme sur le compte du surnaturel, d'une super humanité dont nous serions incapables. Le plus héroïque est de résister à la répétition du quotidien qui génère immanquablement la lassitude. Seul l'Esprit peut opérer en nous le miracle de la disponibilité et de la fraîcheur du regard qui fait voir en chaque situation de deuil une histoire singulière qui mérite que nous lui consacrions le meilleur de nous-mêmes.

V

Mort, pédagogie de la vie

Enfant, j'ai vécu pendant quelques mois avec ma famille à Valence, dans la Drôme. C'était en 1968. Je garde de cette année un souvenir particulièrement heureux, que rien ne vint troubler, pas même les événements de mai. Pas une heure de classe ne fut retranchée de notre quotidien bien réglé. Seul, un souvenir assombrit encore ma mémoire de cette période bénie. Mes parents avaient des amis qui, comme eux, avaient trois enfants. Je pouvais voir leur belle maison bourgeoise depuis la chambre que j'occupais dans notre appartement. Or, l'un des enfants de cette famille vint à décéder. Je me souviens que ma mère en avait parlé, mais avec gêne, n'osant pas franchement l'annoncer tellement cela semblait tabou. Son attitude provoqua en moi une sorte de fascination pour l'événement. Je me souviens avoir passé, du haut de mes 6 ans, des heures à scruter par la fenêtre la maison du drame. C'était comme si j'espérais par là en percer le mystère. Puisque les adultes étaient si avares de détails sur le décès d'un enfant de mon âge, je devais me débrouiller tout seul pour en savoir plus. Et pour cela, la vision de la maison, de ses fenêtres fermées, qui reste encore gravée dans ma mémoire, constituait le seul support dont je disposais. Un signe, un mouvement, allait immanquablement s'y manifester, pensais-je, qui me révélerait la nature de ce qui se nouait derrière ces hauts murs. À cette époque, celle des fameuses Trente glorieuses, on n'emmenait déjà plus les enfants aux enterrements, si bien que j'étais condamné à me bâtir moi-même un imaginaire devant cette inconnue que constituaient la mort et le deuil.

Plus tard, dans le petit village d'Aveyron où mes grands-parents avaient établi leur résidence secondaire, le deuil des autres a fait à nouveau irruption dans ma vie bien protégée. Une famille venait de s'y installer. Elle était composée d'une mère, devenue veuve depuis peu de temps, et de ses cinq enfants dont le dernier n'avait que quelques mois. Son époux était mort accidentellement et la famille avait décidé de quitter la région parisienne où elle habitait pour vivre dans notre village de quelques dizaines d'âmes, planté au milieu des Causses, face aux austères monts d'Aubrac.

J'ai tout de suite ressenti une forte attraction pour cette famille, si durement frappée par le deuil. L'ambiance y était différente de toutes les familles que je connaissais, à commencer par la mienne. J'y ressentais, malgré l'adversité et l'absence du père, une énergie de vie peu commune. Et lorsque plusieurs années après, la deuxième de la fratrie mourut dans un accident de la route, je communiai intensément à leur nouveau deuil. L'été qui suivit, nous étions au milieu d'eux, entre les larmes et les rires, mais avec cette même force de vie que je sentais prête à renaître malgré les événements.

Je fis l'expérience de l'intimidation face au deuil des autres. Nous n'osions en effet pas, mes frères et moi, nous approcher de nos amis. Allions-nous pouvoir rire et jouer avec eux aux jeux que nous aimions ? Nous avancions à leur rencontre à reculons. Et cette expérience d'enfance m'a fait prendre conscience de la distance sociale que créent les deuils, particulièrement les plus brutaux.

Depuis, dans l'âge adulte, sans que rien n'ait laissé présager d'un tel avenir, ma vie a été profondément marquée par le deuil et son accompagnement. À l'origine de ce qui va devenir pour moi une vocation, il y a un événement dramatique. Celui-ci survint quelques jours avant mon mariage. Ce jour-là, alors que j'étais encore pour quelques heures au travail, on vint m'extirper avec insistance de la réunion à laquelle je participais. Au téléphone, j'entendis la voix brisée d'Anne, ma fiancée, m'annonçant la mort certaine de sa tante et marraine, la sœur de ma belle-mère, dans un avion de ligne disparu au-dessus du désert du Ténéré. Membre de l'équipage, elle faisait partie des cent soixante-dix victimes de ce qui s'avérera être un attentat commandité par la Libye et son despote de l'époque, le colonel Kadhafi. Emma rentrait pour se rendre à notre mariage, organisé dans la maison de ma future belle-famille, qui était donc aussi la sienne.

Les journées qui suivirent furent un mélange de peine et de joie que symbolisait à elle seule l'avalanche des télégrammes reçus, qui alternaient les formules les plus opposées : « De tout cœur avec vous dans le terrible drame qui vous touche », ou : « Dans la joie de l'heureux événement du mariage d'Anne et Christian. » Sans annuler totalement la fête, celle-ci fut réduite au minimum. Et je n'oublierai jamais le silence de l'assistance nous faisant face à la sortie de l'église. Si tout évoquait en apparence la joie des noces, les réflexions et les attitudes trahissaient la gêne devant la peine qui se cachait derrière les sourires de circonstances.

La tante de ma femme, veuve, venait de se remarier avec Laurent, peu de temps avant. Cet homme de cœur, que la vie professionnelle dans un grand groupe de services avait amené à travailler à la direction d'une filiale spécialisée dans les pompes funèbres, me proposa de le rejoindre. C'est ainsi que le deuil est indissociable de mon entrée dans le secteur des services funéraires.

Après plus de trente années passées dans ces métiers, lorsque je m'interroge sur ce que ce quotidien a changé dans mon existence, je pense que j'y ai découvert une pédagogie de la vie que seule la mort d'un proche peut amener à découvrir. Les obsèques sont en effet un temps de communion entre les êtres comme je n'en connais pas d'autre. Elles sont suivies de la séquence succession, durant laquelle « l'avoir et la possession » reprennent largement leurs droits. Mais en attendant, considérons à quoi les vivants sont convoqués à ce moment-là et ce que cela leur enseigne pour leur vie future.

Autrefois, la liturgie des obsèques était la même pour tous, à la nuance près, et elle avait son importance, que le mercantilisme religieux avait introduit, à travers les classes d'enterrement, les signes post-mortem de l'assise sociale que la mort était censée avoir effacé. À présent, où l'uniformité règne en matière de standing funéraire (à l'exception du cercueil), se sont développés les signes explicites de l'affection que les vivants ont pour le mort. L'exercice n'est pas aisé pour tout le monde car on enterre toujours autant de personnes qui n'ont pas rendu leur entourage heureux, mais il n'en reste pas moins vrai que nous vivons à l'ère de la manifestation publique de l'attachement. L'auditoire touche parfois les limites de ce qu'il peut entendre, dans l'ordre de l'émotion, tout en connaissant paradoxalement alors une forme de joie inédite. Connaissez-vous en effet d'autres moments de l'existence où les vivants se rassemblent pour dire leur affection, leur attachement, leur dette envers quelqu'un ? Que viennent-ils célébrer alors sinon la vie elle-même ? La vie dans ses manifestions les plus quotidiennes et les plus épanouies.

Pour rendre hommage à leurs morts, les vivants font l'expérience unique d'une interaction à laquelle rien ne les prépare. Un hommage ne se rend jamais seul. Il se prépare dans la relation humaine. Si ce n'est pas le cas, les prises de parole, lors de la cérémonie, seront une suite incohérente de discours froids. Au contraire, la concertation entre tous fait jaillir une lumière qui rend compte d'un parcours de vie, tel que perçu par ceux qui l'ont côtoyé ou simplement croisé à un moment. Que de découvertes un tel exercice révèle ! Que de richesses la relecture de la vie d'une personne qui vient de décéder met en évidence ! Quelle bénédiction que ce temps de l'anamnèse existentielle ! Et quelle pauvreté, par comparaison, que l'énumération, dans l'office notarial, des biens accumulés au long d'une vie ! La célébration de l'être en relation, voilà le sens profond des funérailles.

Trente ans après sa mère décédée en plein ciel dans le souffle d'une explosion criminelle, Juliette, sa fille, a été récemment emportée par un cancer. À leur mort, mère et fille avaient le même âge. Destins tragiques, marqués par des morts précoces, révoltantes, scandaleuses, l'une brutale et violente, l'autre longue et éprouvante. Rien ne peut éclairer une telle fatalité. Et les nombreuses questions et révoltes qui ont légitimement habité ceux qui leur ont survécu resteront sans réponse. Toute mort est un mystère et lorsqu'elle s'acharne sur une famille, l'incompréhension est décuplée et l'horizon de l'au-delà, obscurci.

Jamais quiconque ne peut, sans dommage, occulter la noirceur de certaines destinées terrestres et aucune explication religieuse ne viendra jamais recouvrir de son pseudo sens la dureté de ce qui est vécu. Ainsi, lorsque Emma est morte dans l'attentat, une religieuse écrivit à sa mère qu'elle était certaine que Dieu l'aimait beaucoup pour lui envoyer une pareille épreuve. Penser une telle chose disqualifie la foi qui la sous-tend. Jamais Dieu n'a suscité la mort d'une de ses créatures et encore moins en en faisant un signe d'élection. Quant à moi, je rêve d'éradiquer la formule si souvent employée dans les annonces nécrologiques, qui évoque le « rappel à Dieu » comme on rappelle une voiture pour vice de forme.

Non, l'heure de notre mort n'est pas fixée à l'avance, comme la dernière note d'une partition déjà écrite. Durant la maladie de Juliette j'ai longtemps gardé la certitude qu'elle n'en décéderait pas. Sa vie était trop marquée par le deuil pour qu'à son tour elle disparaisse jeune. Et à mesure que l'évidence de sa fin approchait, ma certitude ne faiblissait toujours pas.

La foi religieuse, quelle qu'elle soit, n'a jamais exonéré du pire, ni facilité l'épreuve de la maladie et de la mort. Les incroyants pensent le contraire et s'imaginent que la foi agit comme un anesthésiant qui rendrait l'épreuve plus douce, parce qu'ouvrant sur une suite heureuse. Le Dieu des croyants procurerait à ses adeptes, en guise de rémunération pour leur fidélité, une carapace pour traverser le feu. Ou mieux encore, il sauverait de l'issue fatale. Et lorsque la protection n'opère pas, lorsque le miracle ne survient pas, les vivants n'auraient plus qu'à s'accuser secrètement de n'avoir pas fait ce qu'il fallait ou d'être porteurs de la fameuse fatalité, sorte de potion démoniaque que d'autres avant eux auraient bu et dont l'effet dévastateur continuerait à agir de génération en génération. La vérité, me semble-t-il, est que la foi peut susciter une invincible espérance que, même dans la nuit la plus noire, une lueur peut encore éclairer le chemin. Elle permet, au creux de la pire des dérélictions, de goûter les plus infimes gouttes d'eau, oasis précaires dans un désert.

La maladie et la mort de Juliette ont dévasté tous ceux qu'elles ont touchés et ils étaient nombreux, tant sa personnalité et la souffrance qui la traversait ont suscité de compassion et d'affection profondes. On aurait dit qu'elle avait beaucoup de familles autour d'elle et qu'il régnait entre elles une sorte d'émulation, renforçant sans cesse l'élan d'amour que suscitait sa personnalité solaire si attachante.

Plusieurs mois après son décès, il est encore tabou de relire les années que dura sa maladie et de rechercher, sous le drame absolu de son départ, ce qui restera comme des fruits que nous avons reçus dans l'accompagnement de son épreuve. C'est pourtant ce que je voudrais esquisser, pour ma part, à présent, parce qu'il y a dans son parcours de vie et de mort quelque chose de profondément humain et donc d'universel.

Autour de Juliette, il y avait des croyants, des mal croyants ou des pas croyants du tout. Il y avait la gamme la plus large de toutes les attitudes face au mystère de la vie. Ensemble, nous avons communié à une même incompréhension devant un tel acharnement de la fatalité et à une même espérance de la voir guérir. Nous avons aussi, je crois, reçu, personnellement et collectivement, de cette épreuve. Qu'il me soit permis ici, dans le respect de tous les protagonistes, de tenter de nommer cette croissance.

Tout d'abord, au terme des mois éprouvants de sa fin de vie, je ressens, comme un héritage précieux à fructifier, le fait que nous nous aimons davantage et mieux. L'élan de solidarité qu'a suscité sa maladie a en effet raboté, jusqu'à les aplanir, les tensions qui régnaient immanquablement autour d'elle. À mesure que la perspective de son départ avançait, les liens se sont renforcés. L'élan qui portait familles et amis à ses côtés pour la soutenir s'est cristallisé, que ce soit conscient ou non, en des liens plus forts et plus vrais.

Entre la première manifestation de la maladie de Juliette et sa mort, il s'est passé plusieurs années. Des années au cours desquelles elle a connu tous les stades de l'affection qui la touchait. Et lorsque la phase ultime est arrivée, progressivement, lorsque les médecins ont cessé de susciter de petites rémissions que la médecine curative parvenait encore à produire, elle a plongé dans un long sommeil. Or l'accompagnement de ses proches n'a pas cessé pour autant, il s'est transformé. La parole et les échanges, dans l'ordre de la chair, ont fait place aux échanges dans l'ordre de l'esprit et de l'âme.

J'en ai fait une première expérience très intense trois ans plus tôt. Juliette venait de faire une crise d'épilepsie par laquelle sa maladie se révélait. Le diagnostic n'était pas encore établi et elle avait abouti dans un service qui s'avéra plus tard n'avoir aucun lien avec sa pathologie. Habitant tout près de l'établissement où elle était hospitalisée, j'étais présent ce jour-là, seul, au pied de son lit. Juliette dormait profondément et rien ne venait perturber son sommeil, pas même la prise de sang, pourtant abondante, qu'effectuait l'infirmière qui s'occupait d'elle. Pendant deux heures, contemplant son beau visage de jeune mère, ma présence physique dans sa chambre s'est faite communion dans l'Esprit. Je lui disais intérieurement des choses sur le soin que nous prendrions d'elle et de ses enfants. Notre communion échappait à toute verbalisation. Je crois que nos âmes se rencontraient et échangeaient dans le secret des manifestations d'affection profonde.

Trois ans plus tard, alors que progressivement s'éteignaient en elle tous signes de vie, nous sommes entrés, en la veillant, dans une communion nouvelle et peut-être étonnamment plus forte avec elle. Dans le silence de sa chambre que seul habitait le son de sa respiration, chacun de ses visiteurs a pu éprouver la force d'une présence devenue plus intérieure que physique. Sans que cela ne soit nommé comme relevant de la prière, je crois que, croyants ou pas, nous étions alors unis dans une même démarche consistant à l'accompagner au porche d'une demeure où n'entrent que ceux qui vont mourir et qui sont alors invités à la libre naissance dans la vie de l'Esprit.

Ce temps de transition et de transformation peut sembler parfois long et l'appel de la vie se heurte alors au sentiment d'inutilité de rester auprès d'une personne qui ne cesse de dormir. Pourtant, dans la chambre de Juliette régnait, au long de ses derniers jours, une atmosphère de lieu de culte, de silence habité, d'antichambre entre l'ici-bas et l'au-delà. Autant de réalités spirituelles qui sont universelles au sens où elles ne découlent pas a priori d'une croyance religieuse. Cette dernière peut l'éclairer et lui donner un sens, mais elle ne peut pas se l'approprier et en exclure tous ceux qui ne partagent pas sa foi. Et je voudrais pointer combien, à cette étape très mystérieuse de la fin de vie, la mort, vue jusque-là comme facteur de séparation des êtres que l'on aime, peut être perçue et vécue par ceux qui s'y ouvrent, sans distinction de croyance, comme une transformation de la vie. En effet, tandis que les sens qui reliaient Juliette à la vie s'éteignaient un à un, la vie demeurait, fragile, dans sa chambre. Le lien avec les vivants qui l'aimaient n'était pas rompu puisqu'ils se succédaient à son chevet. Personne ne désertait l'accompagnement, au point qu'il était alors plutôt question d'en limiter le flux. Tous nous étions invités à vivre d'ultimes dialogues avec elle, sans parole, sans manifestation physique d'affection, dans le silence et le recueillement. Sa chambre devenait ce lieu saint vers lequel nous convergions, tabernacle vivant où une parole était délivrée à ceux qui s'y ouvraient sur le sens de leur propre existence. Cela dura trois semaines, durant lesquelles les amarres ont été lentement rompues et la vie de beaucoup profondément fécondée.

Puis, lorsqu'elle rendit son dernier souffle, comme souvent, à la dérobée, discrètement, comme si une brise imperceptible était venue éteindre une flamme qui depuis un moment déjà faseillait, le son de nos voix se fit entendre, la parole reprit son cours ordinaire, de même que la lumière inonda de nouveau sa chambre. En peu de temps, le lieu saint que nous habitions religieusement perdit son sens, pour retrouver sa fonction première de chambre d'hôpital que bientôt un autre mourant viendrait habiter.

C'est alors que débuta l'ultime séquence de l'accompagnement de Juliette vers sa destinée, à savoir la célébration de ses obsèques. Et là encore, je l'affirme, croyants, mal croyants ou pas croyants du tout ont pu communier ensemble dans une même démarche consistant à l'autoriser symboliquement à naître dans une autre dimension, qui est celle de l'esprit. Nous avons choisi une des plus grandes églises de Paris pour nous réunir autour de sa dépouille ; nous avons choisi un prêtre qui la connaissait bien pour l'avoir accompagnée lors d'une retraite spirituelle des années auparavant et, à travers cela, nous avons donné à ses obsèques une dimension universelle. Tous ensemble nous avons célébré les liens d'amour que la mort ne rompt pas mais transforme.

Le chemin que nous avons emprunté pour parvenir à composer le temps de la célébration de ses obsèques fut exemplaire. Je crois que personne n'en fut exclu et, au contraire, beaucoup purent apporter leur pierre à la composition de la liturgie. Personnellement, je n'aurai jamais fini de m'émerveiller devant la fécondité de ce que ce mot recèle au moment d'un deuil. Alors que notre monde est assoiffé d'exprimer la singularité des peines individuelles, la liturgie parvient, telles de vieilles outres tendues mais qui ne lâchent pas, à accueillir l'interpersonnel pour en faire un collectif qui a de la saveur pour chacun et ouvre sur un après.

On peut disserter à l'infini sur la distance qui existe entre la perte de la croyance religieuse et le recours aux cultes au moment d'un deuil. On peut s'étonner de ce que certains voient comme une régression ou une incapacité à s'émanciper d'un corpus religieux qui n'a plus de sens. Moi, j'y vois au contraire une reconnaissance de ce que les institutions porteuses de sens que sont les religions peuvent apporter dans ces moments-là : un cadre grâce auquel le chaos peut se transformer en chemin de vie. Et tous ceux qui font l'expérience de composer une cérémonie d'obsèques, avec pour seul matériau les évocations croisées de la vie du défunt, se confrontent à de délicates questions liées à la légitimité des intervenants, à la justesse de leurs prises de parole et à l'équilibre de l'ensemble.

Pour Juliette, le résultat de notre concertation fut la grande et belle cérémonie qu'elle avait appelée elle-même de ses vœux. Et rétrospectivement, savoir qu'elle eut lieu quelques semaines seulement avant le premier confinement ne lui donne que plus de valeur encore.

VI

Mourir pour renaître

Parmi les récits évangéliques qui éclairent le sens qu'a pour moi la mort, figure celui qui raconte la visite qu'un notable juif, du nom de Nicodème, rendit à Jésus (cf. Jn 3, 1). L'homme n'est pas n'importe qui. Il occupe un rang élevé parmi les pharisiens, ces religieux hostiles à l'occupation romaine dont le nom n'est associé, à tort, qu'à une posture hypocrite, à une forme d'autosatisfaction existentielle. Prudent, il vient à la rencontre de Jésus nuitamment. Sa démarche est, à elle seule, un signe tangible d'adhésion à la parole de Jésus, tout en ménageant l'avenir, en évitant d'être vu et qu'il se dise publiquement qu'il a fait allégeance à ce prophète inclassable. Il faut dire que l'événement survient peu de temps après que Jésus s'est ponctuellement transformé en agitateur, en chassant par la force tous les marchands qui sévissaient dans l'enceinte du temple de Jérusalem.

J'aime ce que je perçois comme une rencontre au sommet, un face-à-face de qualité entre un nomade, dont la liberté de parole et d'action fascine ceux qui l'approchent, et un notable installé, qui ménage ses arrières. L'un est sorti de l'anonymat d'une vie modeste pour aller au-devant des hommes de son temps, pour les guérir et les enseigner ; l'autre a grimpé les échelons de la hiérarchie religieuse au point de faire partie du Sanhédrin, la plus haute assemblée d'Israël. Mais tous deux, à des degrés différents, sont habités par le souci de la vérité.

J'imagine Nicodème, dont les vêtements et l'allure trahissent la haute position sociale, se frayant un passage dans un quartier populaire où Jésus est hébergé chez des disciples. Son arrivée fait événement et Jésus, conscient de la gravité de la démarche de son visiteur, obtient de pouvoir s'isoler avec lui car leur discussion ne supporterait pas d'être publique.

L'entretien commence fort. En effet, dans l'intimité du face-à-face, Nicodème affirme ce que ses pairs contestent avec acharnement : son interlocuteur est un envoyé de Dieu dont l'enseignement et les actes disent la filiation divine. Ce n'est pas de la flatterie, mais une allégeance qui sort Jésus de son isolement héroïque. Combien de fois, en effet, les Évangiles ne relatent-ils pas la présence d'opposants agressifs, cherchant en toutes occasions à le provoquer, le discréditer, le contester, voire l'éliminer ? Et si Jésus, en toutes ces occasions, résiste, répond et dénonce l'attitude de ses détracteurs, je compatis à la souffrance que doit immanquablement engendrer cet acharnement contre lui. Alors, je me dis, même s'il n'en a pas besoin pour poursuivre sa mission, qu'entendre un notable juif reconnaître que Dieu seul peut être à l'origine de tout le bien qu'il distille autour de lui doit lui faire du bien. À ce titre d'abord, Nicodème m'est sympathique.

Puisque cet homme important s'est déplacé pour parler avec Jésus, puisqu'il lui adresse d'entrée des paroles de reconnaissance, inutile de tourner autour du pot : Jésus sait pourquoi Nicodème a pris le risque de cette rencontre. Le visiteur du soir veut aller à la source et obtenir des réponses aux questions essentielles qu'il se pose sur la foi. Et quelles sont ces questions essentielles ? Celles qui concernent le salut. Car même si, dans notre monde contemporain, le mystère de la mort a été mis à distance, à l'époque de Jésus, rien n'est plus crucial que de connaître la voie qui mène à la vie éternelle. Celle-ci, dans le langage de Jésus, se nomme le Royaume. Et ce qui est frappant, chaque fois qu'il en parle, c'est que ce mot semble tout autant indiquer l'au-delà que l'ici-bas.

Sans attendre que son interlocuteur le questionne sur le mystère de la vie, Jésus lui livre sa vision du salut en une phrase sibylline : « À moins de naître de nouveau, nul ne peut voir le royaume de Dieu. » La naissance, cet événement par lequel chacun de nous est passé en quelques heures, au terme d'un processus d'expulsion, de l'état de poisson à celui de bipède, ne nous a laissé aucun souvenir et, surtout, a été l'événement le plus passif que nous ayons eu à vivre. Je n'ai rien choisi de ce qui m'est arrivé ce jour-là. Tout au plus, puis-je constater, en référence à la naissance de mes enfants, que ces derniers m'ont paru, dès les premiers instants de leur vie, familiers avec tous les membres de notre famille, comme si l'altérité existentielle de la vie in utero se doublait d'une réelle proximité relationnelle avec nous. C'est d'ailleurs l'enjeu de l'haptonomie, cette méthode par laquelle les parents sont incités à entrer en communication avec leur enfant avant sa venue au monde. La naissance terrestre serait-elle, par analogie, une image incarnée de la mort, vue comme une naissance à un au-delà, à la fois profondément autre et profondément familier, mais cette fois dans l'Esprit ?

La naissance dont parle Jésus ne peut pas être passive, comme celle qui nous a vu naître à cette vie. S'il nous faut naître de nouveau, si c'est une condition pour voir le Royaume, alors je comprends que je suis invité à en être acteur. Autrement dit, je peux le refuser. J'ai le choix. Et s'il faut renaître, cela veut dire aussi que je dois mourir à ce qui me rattache à la seule satisfaction de mes sens, à la relation à la matière qui constitue mon goût pour l'avoir et la possession.

Prenons la vie d'un nourrisson. Elle ne semble occupée qu'à l'alternance de phases de paix et de colère, toutes deux liées à la satisfaction ou à la frustration de ses besoins vitaux. C'est si vrai que pour certains, ce petit être ne peut être considéré que comme un tube digestif. Et observons maintenant, à l'autre bout de la chaîne de l'existence, le vieillard.

L'affaiblissement de son corps a émoussé sa capacité à jouir de la matière environnante. Plus il avance en âge, moins il a la capacité de goûter les choses d'ici-bas. Pour lui, le domaine de l'Esprit peut continuer à croître, dès lors qu'il n'est pas atteint par la dégénérescence mentale. S'il a choisi de longue date de cultiver sa vie spirituelle, de naître dans l'Esprit, il semble porteur d'une lumière intérieure génératrice d'une paix inaltérable, à l'image de ces vieux moines aux corps abîmés qui dégagent pourtant une si étonnante sérénité[1].

Mais revenons à notre récit évangélique. À l'évocation par Jésus de la seconde naissance, Nicodème va s'illustrer par une réponse qui l'a souvent fait passer pour ce qu'il n'est pas : un nigaud. « Comment un homme peut-il naître quand il est vieux ? » Et comme si ça ne suffisait pas, d'ajouter : « Peut-il entrer une deuxième fois dans le sein de sa mère et renaître ? » (Jn 3, 4). Je vois dans cette réponse, si profondément absurde, une façon pour Nicodème de reprendre son souffle, de temporiser en quelque sorte, alors qu'il sent qu'il approche de la vérité qu'il cherche et que son interlocuteur semble incarner comme personne avant lui. Et c'est bien en réponse à la question la plus stupide de toutes celles que relatent les Évangiles que le Christ va révéler la voie du salut :

1. « Même si en nous l'homme extérieur va vers sa ruine, l'homme intérieur se renouvelle de jour en jour » (2 Co 4, 16).

> Personne, à moins de naître de l'eau et de l'Esprit, ne peut entrer dans le royaume de Dieu. Ce qui est né de la chair est chair, ce qui est né de l'Esprit est esprit. Ne sois pas étonné si je t'ai dit : il vous faut naître d'en haut. Le vent souffle où il veut : tu entends sa voix, mais tu ne sais ni d'où il vient, ni où il va. Il en est ainsi pour qui est né du souffle de l'Esprit (Jn 3, 5-8).

Autrement dit, pour obtenir la vie éternelle, je dois naître à une autre vie que la vie charnelle. Cette vie, qui est la vie dans l'Esprit, ou encore la vie en Dieu, j'en perçois parfois de modestes éclats dans la prière. La naissance à cette vie m'est symboliquement donnée par le baptême, mais elle reste à renouveler sans cesse, tout au long des jours, par le choix libre de la vie spirituelle, afin de laisser passer en moi l'Esprit qui seul me donne d'aimer en vérité.

Un événement dans ma vie est venu éclairer ces phrases prononcées par Jésus avec une acuité particulière. Ce jour-là, un collaborateur, dont j'avais découvert peu de temps avant la dépendance secrète à l'alcool, m'a invité à le suivre dans une réunion de l'Association des alcooliques anonymes. L'homme m'avait proposé de faire cette démarche pour que je comprenne ce qu'il vivait et dont j'ignorais tout. Rien ne distinguait l'assemblée nombreuse qui m'environnait, en tous points comparable à une assemblée générale de copropriétaires d'un grand immeuble parisien.

L'animateur de la réunion, un homme d'âge mûr, l'introduisit d'un ton à la fois ferme et bienveillant. Rapidement, il demanda à chacun des participants de se présenter. Et c'est alors que j'entendis les personnes qui m'entouraient décliner systématiquement leur identité en accolant dans l'ordre leur prénom, leur âge, leur statut d'alcoolique et le temps qui les séparait de leur dernière consommation d'alcool. Pour certaines, c'était la veille, et pour d'autres, des décennies. Par cette façon de se présenter, elles affirmaient publiquement que leur combat de chaque jour pour ne pas sombrer à nouveau dans leur addiction était constitutif de leur identité, et le resterait jusqu'à leur mort.

Quand vint le tour de mon collègue, je l'entendis dire : « Bonjour, je m'appelle Jean-Pierre, j'ai 56 ans, et je suis abstinent depuis trois ans et deux mois. » Je réalisai alors que cette date correspondait à celle où je l'avais embauché. Je compris qu'il s'était engagé dans ce combat de l'abstinence pour obtenir puis garder l'emploi que je lui avais proposé, condition évidente de son équilibre de vie.

Ce qui m'a bouleversé, au long des échanges qui suivirent, c'est de réaliser combien j'étais en présence d'un groupe humain aussi hétéroclite que solidaire. On sentait qu'à la profondeur de la détresse individuelle, devant la tentation destructrice et mortifère, répondait une volonté commune de n'en laisser aucun de côté. Pourquoi, sans cela, ceux qui annonçaient n'avoir pas bu depuis des années acceptaient-ils de se mélanger aux consommateurs de la veille ? Ce critère ne mettait pas les méritants d'un côté et les autres à part. Au contraire, tous étaient unis dans un même désir de renaître chaque jour dans le choix sans cesse répété de la vie, plutôt que de la mort. Car si, pour les consommateurs de la veille, le choix qu'ils faisaient en étant là était plus lourd à vivre que pour les abstinents de longue date, tous savaient que jusqu'à leur dernier souffle ils n'en auraient jamais fini avec leur fragilité, constitutive de leur être profond. Leur solidarité dans le combat quotidien pour la vie tenait au souci manifeste de n'en perdre aucun. Et si, au sortir de notre réunion, chacun des participants serait rendu à sa vie et à ses tentations, les autres, les communiants à la même épreuve, resteraient des appuis, sur lesquels ils pourraient compter pour inventer leur vie plutôt que de la subir.

Outre la solidarité dans l'élan de vie à renouveler sans cesse, les participants à cette réunion manifestaient combien, seul, compte le présent. « Hier échappe à nos mains », proclament-ils. « Demain est hors de notre portée. » Il ne reste qu'aujourd'hui. « Vivons donc un seul jour à la fois, juste aujourd'hui. » À Nicodème, Jésus révèle aussi que seul compte l'aujourd'hui de sa nouvelle naissance, dans l'élan quotidien que communique la vie spirituelle.

Même si nous sommes tous habités par des fragilités, plus ou moins avouées, plus ou moins éruptives, selon les circonstances de notre vie, nous sommes tous invités à leur préférer ce qui nous fait grandir. Seulement, pour certains de nous, le choix est plus douloureux car l'attrait de ce qui les détruit est parfois indomptable. Eh bien, c'est le combat de ces personnes qui me paraît le plus évangélique. Il dit au peuple des satisfaits d'eux-mêmes, des bien-pensants, des sûrs d'eux, que le salut de Dieu est d'abord pour les pauvres, les dépendants repentis, qui se tournent sans relâche vers lui pour recevoir son salut. Leur soif de s'en sortir, leur élan vital, prépare le choix ultime qu'ils feront au moment de leur mort, lorsque la grâce de Dieu les étreindra. Beaucoup de ces petits, de ces faibles, seront des géants dans le royaume de Dieu.

Dans le texte de la rencontre de Jésus avec Nicodème, on reconnaît ce que les théologiens appelleront une catéchèse baptismale. Naître de l'eau et de l'Esprit correspond bien à l'identité de ce sacrement. Mais ce qui m'éclaire dans ma vie, c'est de réaliser que Jésus n'évoque pas ici un passeport que l'on reçoit une fois pour toutes, mais un choix de croissance, d'ouverture, de communion, à renouveler sans cesse, dans la passion de l'instant présent.

L'affirmation suivante de Jésus me renvoie à ce qui est à l'œuvre, physiquement et symboliquement à l'étape du parcours rituel des funérailles dite de l'adieu au visage : « Ce qui est né de la chair est chair, ce qui est né de l'Esprit est esprit. » Alors que la chair n'est plus qu'enveloppe, aux limites de la désintégration, et qu'on l'embrasse encore et la personnifie, en s'adressant à elle, l'absence crie sa cruelle réalité. Au creux de cette impasse, qui est le lit des plus profondes détresses, s'ouvre potentiellement, symboliquement, le chemin de la communion dans l'Esprit. Et je ressens que pour les endeuillés, comme pour tout vivant, emprunter ce chemin est le fruit d'une liberté. Certains professent et vivent que la relation à tout jamais s'est interrompue, d'autres s'ouvriront à cette nouvelle communion, dans l'Esprit. Plus que les professions de foi, religieuses ou d'athéisme, l'ouverture ou la fermeture à la communion spirituelle distingue les êtres dans leurs relations à leurs morts et, par là, dans leur relation à la vie.

J'avais une grand-mère dont l'affection comptait beaucoup pour moi. Alors que j'étais sur le point d'entrer dans l'âge adulte, un cancer du sang ne lui laissa que quelques mois de survie, rythmés par de régulières transfusions sanguines qui lui donnaient à chaque fois un regain de tonus éphémère. Durant ce sursis, elle relut sa vie, à la faveur des visites que les êtres qu'elle aimait lui firent. Mais l'implacable maladie ne relâcha pas son œuvre de mort et l'heure des adieux approcha. Les minutes de notre séparation sont gravées dans ma mémoire à tout jamais. Nous venions de vivre à ses côtés le sacrement des malades, qui n'était déjà plus à l'époque le viatique annonciateur d'un trépas certain, mais déjà le sacrement pour les vivants malades que nous connaissons maintenant. Le prêtre était parti et les autres membres de la famille, assommés par l'émotion, s'étaient éloignés dans le reste de l'appartement. Seul face à ma grand-mère tant aimée et respectée, j'ai alors vécu, du haut de mes 16 ans, un moment d'une rare intensité. L'un comme l'autre, à cet instant, nous étions pleinement conscients que nous ne nous reverrions plus sur cette terre. Je partais en effet le lendemain pour un pèlerinage scolaire à Rome, et ma grand-mère, dont le corps commençait à se couvrir d'hématomes, était secrètement pleinement consciente de sa fin prochaine. Dans la pudeur du non-dit se cachait, pour elle comme pour moi, la force d'un à Dieu. Tenant ma main dans la sienne, elle me prodigua alors quelques recommandations en vue de ma visite prochaine de la Ville éternelle. Et je peux dire, plus de quarante ans après cet événement, que cette main ne m'a pas lâché, allant même jusqu'à me guider, à des étapes décisives de mon existence. Aujourd'hui encore, ma vie spirituelle est indissociable de l'expérience de ma relation avec elle, dans l'Esprit. Et je vais même jusqu'à penser que malgré l'effet des décennies passées depuis sa mort, je vis comme une permanence de notre relation, laquelle découle de l'intériorisation de notre lien. Si bien que nos retrouvailles dans le monde de l'esprit, dont je ne sais rien tant que je n'y serai pas entré, seront, j'en suis certain, marquées par la force toujours actuelle de notre lien d'amour.

Nicodème a-t-il entendu l'appel que Jésus lui a lancé à naître de nouveau ? A-t-il, en réponse à cet appel, osé passer de son statut de religieux, enfermé dans l'Institution qu'il sert, à celui de croyant libre, à l'écoute des appels du Divin ? A-t-il pris le risque de la foi en Jésus ? À l'évidence, oui, tant sa participation active à l'ensevelissement de sa dépouille constitue un acte explicite de résistance à la violence cathartique suscitée par le pouvoir religieux auquel il appartient pourtant.

VII

Ensevelissement

JÉSUS est mort. Son corps gît au pied de la croix. Après le déchaînement continu de violence dont il a fait l'objet depuis des heures, sa dépouille tuméfiée n'est plus qu'un hématome, une plaie béante. Sa seule vue effraie. Lui dont la présence aimantait, réjouissait, exaltait les foules, n'est plus qu'un cadavre abandonné. Lui qui était l'incarnation du vivant, comme nul autre avant lui, n'est plus. Mais son corps demeure, symbole profané de l'être par excellence. La haine ne l'a pas totalement détruit, malgré l'abondance des supplices. Nié en son humanité, broyé sous les coups, ce corps reste là, au bord du dernier précipice, celui dans lequel tombent les cadavres sans sépulture, amas de chairs des génocides, où l'homme est rejeté, jusqu'au-delà de sa mort.

Que va-t-il advenir ? Après avoir été livré à la barbarie humaine, le cadavre de Jésus n'a, dans ce chaos, d'autre destination probable que celle réservée aux criminels. C'est alors que le récit évangélique en saint Jean nous révèle, à cette étape ultime de la déréliction, un retournement providentiel :

> Après cela, Joseph d'Arimathie, qui était disciple de Jésus, mais en secret par crainte des Juifs, demanda à Pilate de pouvoir enlever le corps de Jésus. Et Pilate le permit. Joseph vint donc enlever le corps de Jésus. Nicodème – celui qui, au début, était venu trouver Jésus pendant la nuit – vint lui aussi ; il apportait un mélange de myrrhe et d'aloès pesant environ cent livres. Ils prirent donc le corps de Jésus, qu'ils lièrent de linges, en employant les aromates selon la coutume juive d'ensevelir les morts. À l'endroit où Jésus avait été crucifié, il y avait un jardin et, dans ce jardin, un tombeau neuf dans lequel on n'avait encore déposé personne. À cause de la préparation de la Pâque juive, et comme ce tombeau était proche, c'est là qu'ils déposèrent Jésus (Jn 19, 38-42).

Les deux protagonistes, cités dans ce récit, ont en commun d'être des notables juifs, des membres du Sanhédrin, et des disciples cachés, qui ont jusque-là connu la peur de révéler leur attachement au Christ. Pourtant, après sa mort, ils vont faire preuve d'un grand courage en allant réclamer à Pilate le corps de celui qu'ils admirent en secret.

Sur le plan de la chronologie, le récit évangélique pèche par son invraisemblance. Il me semble en effet peu probable, comme il est raconté, que Joseph d'Arimathie n'ait entamé son ambassade auprès de Pilate pour pouvoir récupérer le corps et lui donner une sépulture digne qu'au moment de la descente de la croix. J'imagine au contraire que cet homme a commencé les pourparlers, accompagné de Nicodème, durant l'agonie de Jésus. Sa mort prochaine posait alors, de façon pressante, la question de sa sépulture. Allait-on le livrer à la fosse commune réservée aux condamnés à mort ? Face à la perspective de cette ultime avanie et sous la pression du calendrier liturgique, ces disciples de la peur vont enfin sortir de l'ombre et peser de leur poids en allant trouver le préfet de Judée dans son palais.

Pilate, après avoir consenti à la criante injustice de la condamnation à mort d'un innocent, sent peut-être déjà monter en lui la culpabilité. Il cède donc de bonne grâce la dépouille du condamné car il voit, dans la sollicitation des deux visiteurs, une probable source d'apaisement de sa conscience. Après le massacre qu'il réprouve, donner à celui qu'il a tenu à appeler le « roi des juifs » une juste sépulture revient à lui restituer une parcelle de sa dignité. C'est donc sans hésiter qu'il accepte de leur confier, une fois mort, le corps de l'homme dont le trépas sera, il le pressent, l'objet de ses plus sombres tribulations intérieures à venir. C'est même providentiel, pour lui que son statut empêche d'agir, de savoir que des rites funéraires vont éviter au supplicié la fosse commune et, par là, le réintégrer dans son humanité.

Ce récit évangélique me rejoint dans ma mission et celle de ma corporation. Prendre soin du corps mort, « selon le mode de sépulture en usage chez les juifs », veut dire beaucoup pour moi. La haine n'aura pas le dernier mot. L'homme Dieu aura droit au respect dû à tout défunt de son peuple et l'on suivra pour lui, comme pour tous ses congénères, les rites institués. Son incarnation passera par les gestes qui distinguent l'homme de l'animal. Et ce qui me touche par-dessus tout, c'est de constater l'abandon ultime de Jésus aux hommes que constitue ce récit. Rien, en effet, n'a été prévu pour sa sépulture. Ses proches sont des étrangers à Jérusalem et la sépulture familiale, où repose Joseph, son père, est à Nazareth. Sa condamnation à mort va de pair avec la négation de toute trace de sa vie. Sans tombe, il ne restera rien de son passage sur terre. Il n'y aura pas de lieu, symbole de sa mémoire. Or c'est dans ce contexte que se manifestent nos deux personnages, aussi éminents qu'improbables, pour éviter au Fils de Dieu la fosse commune. L'heure presse car l'imminence du sabbat de la Pâque juive impose que les corps des suppliciés soient décrochés et portés en terre avant la nuit.

Les gestes rituels que Joseph d'Arimathie et Nicodème vont poser sur la dépouille du Christ panseront les plaies béantes d'un corps promis à l'éternité. Pour cela, le texte nous dit qu'ils utilisent l'aloès, une plante hydratante, issue des milieux arides. Quant à la myrrhe, outre qu'elle fut apportée à la crèche par les rois mages en signe d'une souffrance future, elle est conseillée pour les blessures traumatiques. Le texte nous précise aussi sa valeur marchande qui est de cent livres, ce qui en fait un bien précieux. Ensemble, les deux acolytes vont, symboliquement, réparer le corps du premier des ressuscités. Ils le feront au moyen des deux plantes qui constituent, réunies, une préparation qui permet de masquer les odeurs et de ralentir la putréfaction. En tout cela, ils deviennent, sans le savoir, acteurs de la Nouvelle Alliance. En effet, soigner le corps mort du nouvel Adam, c'est symboliquement le préparer à son éternité, laquelle annonce celle de tous les hommes qui le voudront.

Et nous, les professionnels du funéraire, sommes, si nous en prenons conscience, les héritiers de cette même œuvre. Le soin de toute dépouille mortelle trouve sa source dans celui dont ont fait preuve Joseph d'Arimathie et Nicodème à l'égard de Jésus. Par nos mains, nous sommes les artisans potentiels d'une douceur qui apaise la violence de toute mort. Et cette douceur peut devenir source de beauté et de renouveau.

Un jour du mois d'octobre 2010, j'ai contribué à la mise en œuvre d'un ensevelissement que je voudrais ici rapprocher de celui du Christ. Il concernait quatre hommes, des ecclésiastiques, massacrés dans les rues de Paris par une foule avide de sang, cent quarante ans en arrière. Membres de la congrégation des Pères de Picpus[1], ces authentiques martyrs de la

1. Du nom de la rue de Paris où fut fondée, avant de se répandre sur les cinq continents, cette congrégation dont le nom officiel est « Congrégation des Sacrés-Cœurs de Jésus et Marie ».

foi firent partie d'une troupe d'otages de la Commune finissante, tous assassinés le 26 mai 1871 dans des conditions atroces. Au terme de leur supplice, les quatre prêtres ainsi que les autres victimes, liés au même destin bien que ne défendant pas la même cause, furent tous jetés dans une fosse commune qui n'était rien d'autre qu'une fosse d'aisances.

Après plusieurs sépultures temporaires, nous étions chargés, ce jour-là, de leur inhumation définitive dans le caveau des fondateurs de leur congrégation à Picpus. Or ce lieu est loin d'être anodin, puisqu'il est le lieu même de la fosse commune où furent déversées les dépouilles des victimes de la Terreur, guillotinées place du Trône (actuelle place de la Nation) en 1794. Pourtant, bien que ces événements historiques soient marqués du même sceau de la violence aveugle, la cérémonie à laquelle nous avons participé était empreinte d'une paix profonde. Avant l'inhumation des cercueils, une courte évocation de la vie des prêtres rappela leur parcours jusqu'au drame de la rue Haxo. Et même si la réalité de la cruauté envers ces victimes, qui n'avaient commis pour seul crime que de s'être consacrées à leurs prochains, ne fut pas occultée, l'esprit n'était qu'à l'apaisement. Sur la feuille grâce à laquelle nous pouvions suivre la cérémonie, le mot de conclusion était ainsi libellé : « Gardons le souvenir de ces drames, non pour perpétuer des haines, mais, à la suite de Jésus-Christ, pour œuvrer à la paix parmi les hommes. »

La beauté réparatrice des rites post mortem peut, dans un tout autre registre, être admirablement illustrée par un film, celui du japonais Yojiro Takita, *Departures*. Si cette production n'était pas destinée à la renommée, tant son réalisateur n'était pas une figure de premier plan du cinéma japonais, il reçut pourtant, en 2009, la plus belle récompense qu'il pouvait espérer : l'Oscar du meilleur film étranger. Son personnage principal est un violoncelliste qui se retrouve au chômage après que l'orchestre auquel il appartient a été dissous. Obligé alors de rechercher un nouveau travail, il répond à une annonce pour un emploi « d'aide aux départs ». Sur place, il découvre qu'il s'agit d'un service de pompes funèbres, ce qui, dans le contexte culturel japonais, veut dire un métier impur. Pourtant, il va persister et se laisser guider par son nouvel employeur, un homme terne et fatigué, en tous points conforme à l'image convenue du croque-mort. Ce dernier va l'initier à des gestes ancestraux, pratiqués lors de la mise en bière, dont la beauté constitue à l'écran le meilleur de ce film. Réalisés en présence de la famille, ces gestes deviennent une véritable chorégraphie par laquelle des professionnels du funéraire rendent aux défunts leur beauté éternelle, consolent les proches qui y assistent et enfin donnent aux spectateurs une incroyable envie de vivre.

La fin du texte relatant l'ensevelissement de Jésus recèle un mystère. À l'en croire, dans l'urgence de l'approche de la fête religieuse, avec une facilité déconcertante, un caveau neuf est trouvé et le corps de Jésus y est déposé. D'après le récit, c'est presqu'un jeu d'enfant de trouver un caveau libre et de l'investir avec la dépouille d'un homme qui vient de subir la peine capitale ! À l'évidence, le récit ne nous dit pas tout des circonstances exactes par lesquelles le lieu qui va devenir l'épicentre de la foi chrétienne est trouvé. Pourquoi ? Peut-être parce qu'il aurait été trivial de connaître l'identité de son propriétaire ? Le Saint-Sépulcre, anciennement propriété d'untel. Voilà qui enlèverait sa nécessaire virginité à ce tombeau, qui restera, jusqu'à la fin des temps, le lieu où tout a commencé : un tombeau neuf, occupé pendant seulement trois jours et, depuis lors, vide, et pourtant visité par des millions de croyants !

L'histoire du salut doit beaucoup à l'existence de ce caveau neuf. Il est le fruit d'une attitude humaine prévoyante, à l'instar de tous ceux qui préparent leur dernière demeure de leur vivant, certains allant jusqu'à graver par avance leurs nom et dates (sauf une !) sur la pierre tombale. Dans le récit de l'ensevelissement du Christ, le fait qu'une personne prévoyante ait préparé son caveau, et l'ait mis généreusement à la disposition des personnes qui se chargent de la sépulture de Jésus, relève du miracle. Là encore, la Providence, face à l'absolu abandon du Christ au réel, pourvoit en tout.

Que l'épisode ultime de la Passion soit inclus dans le Symbole des apôtres, dans la formule « est mort et a été enseveli », en dit toute la portée théologique. Notre Dieu, en se faisant homme, a embrassé le destin commun des hommes qui est d'avoir une sépulture. L'incarnation va jusque-là et nous pouvons la contempler et en être, d'une certaine manière, fiers.

Personnellement, je répète sans cesse aux familles que j'accompagne que la mort est le lieu par excellence de l'incarnation. Non seulement parce que rien ne doit être laissé au hasard dans la prise en charge de l'événement obsèques mais, surtout, parce que tout compte et peut être porteur de sens. Souvent, des gens bien intentionnés nous reconnaissent la vertu de les avoir déchargés des aspects matériels, ce mot étant prononcé avec un certain dédain. Mais à ce compte-là, il aurait fallu retrancher des Évangiles le récit de l'ensevelissement, dont le caractère matériel et organisationnel brille par son côté trivial. Or il en est tout autrement. C'est un article fondamental de notre foi que de reconnaître que notre Dieu a été mis au tombeau et d'en connaître les circonstances. Ainsi, en tout, la divinité a communié au destin humain afin de le diviniser.

VIII

Héritage intérieur

Le 9 décembre 2017, la France entière s'associait à l'événement populaire que constituaient les obsèques de Johnny Hallyday. La foule rassemblée au passage du cortège funéraire, la présence dans l'église de la Madeleine de tout ce que comptent de personnalités les mondes politique, artistique et médiatique, ainsi que la beauté d'une liturgie subtilement métissée de religieux et de profane, firent de ces funérailles un événement national. Dans une telle circonstance, à laquelle des millions de personnes se sont associées par la voie de la télévision, rien ne fut trop beau. On pourrait même dire que la communion d'un peuple dans une même émotion a tenu à la surenchère fastueuse des hommages. L'événement monta en intensité, tant dans l'audimat que dans le degré d'émotion partagé, à mesure que l'on découvrait comment la reconnaissance unanime manifestée au chanteur populaire enflait, jusqu'à connaître son apothéose dans l'éloge présidentiel.

Pour connaître le même symbole de la pompe funèbre républicaine que constitue pour un défunt la descente des Champs-Élysées, il faut remonter au 1er juin 1885, jour des obsèques de Victor Hugo. Deux millions de Parisiens s'étaient alors massés pour voir passer le corbillard des pauvres dans lequel était transportée la dépouille de l'écrivain, suivi, dans un silence religieux, de Georges Hugo, son petit-fils âgé de 17 ans.

Mais si l'éloge national à l'écrivain immortel ne fit que renforcer l'adhésion d'un peuple à son œuvre littéraire, l'éloge national au chanteur populaire laissa place au feuilleton lamentable des déchirements familiaux autour de son patrimoine. Et ce feuilleton aura été si long et si laid qu'il aura contribué à effacer, dans nos mémoires, la belle communion de la célébration des obsèques. Ce triste constat me confirme une fois encore dans le fait que je n'envie pas les notaires. Je crois en effet que les obsèques sollicitent le meilleur des relations humaines, tandis que les successions révèlent le pire ; les deux étant tapis en chacun de nous.

Le rapport à la mort et celui à l'avoir sont indissociables. Dès lors, en entretenant le tabou de la mort, notre société nous incite à croire en l'éternité terrestre et influence notre rapport aux biens matériels. L'instinct de possession est le fruit empoisonné d'une vie sans terme ni perspective. Et la possession ne concerne pas que les biens matériels. Combien d'êtres humains sont, leur vie durant, l'objet de la possession d'un parent, d'un conjoint ou même d'un enfant, sans que la mort ne vienne dénouer un tel asservissement ? Quant aux biens matériels, l'héritage sollicite les dynamiques déjà à l'œuvre au sein des fratries. Règne-t-il entre des frères et des sœurs un respect et une écoute mutuels ? Ou, au contraire, vit-on des dynamiques de domination, de concurrence, voire de jalousie ? À l'évidence, ce qui se vivra après la mort est conditionné par ce qui se vit ici et maintenant. Et plutôt que d'égrainer les sombres exemples, il me revient d'abord un magnifique modèle de dépossession qui, au-delà de la mort, ouvre, dans le deuil, à un surcroît de vie.

Nous étions ce jour-là réunis pour une session d'échange autour de nos deuils, lorsqu'Hélène prit la parole. Elle nous livra d'entrée l'essentiel de son message : son deuil s'apparentait à un chemin de croissance car Thierry, son mari, alors que sa santé ne donnait lieu à aucune inquiétude, l'avait invitée à plusieurs reprises à vivre heureuse après sa mort. Elle avait d'abord reçu ces incitations avec un mélange d'étonnement et de réticence, tant elle refusait de se projeter dans cette situation improbable. Puis, progressivement, elle avait appris à percevoir ce que ce message contenait comme preuve d'amour et d'appel à ne pas avoir peur de la mort. Pourtant, celle-ci vint cueillir son époux de façon brutale et traumatisante pour son entourage. En plein été, sur une plage de l'Atlantique, dans une ambiance joyeuse, Thierry avait fait un malaise foudroyant entraînant l'intervention des secours et son transfert en hélicoptère vers l'hôpital régional. Cet enchaînement d'événements dramatiques s'était vécu en l'absence d'Hélène. Resté conscient, Thierry avait vécu l'angoisse d'une prise en charge médicale sans la présence de ses proches. À son arrivée à l'hôpital, le diagnostic médical fut implacable : il ne lui restait plus que quelques heures à vivre. C'est dans ce contexte dramatique qu'Hélène, puis ses enfants, purent tour à tour lui dirent adieu. Or, malgré la brutalité et l'infinie tristesse du récit, celle qui nous le délivrait nous transmettait une force, mélange de vie et de joie étonnante, à laquelle son époux n'était pas étranger. Je réalisai, en l'écoutant, combien les paroles prémonitoires de Thierry continuaient à porter sa veuve en l'autorisant à vivre et à vivre heureuse. Ses enfants et elle se réunissaient, nous dit-elle, plusieurs fois par an pour évoquer ensemble la manière dont leur défunt père et époux restait présent dans leurs vies. Chacun à son tour racontait, lors de ces réunions, les événements et projets de leurs vies, la façon qu'ils avaient d'y associer leur père et comment ce dernier se manifestait à eux.

De telles paroles de prémonition, qui libèrent un fruit de vie au-delà de la mort, il en a existé d'autres qui ont marqué l'opinion publique. Ainsi le père Christian de Chergé, supérieur de la communauté trappiste de Tibhirine, qui envisageait dans un testament spirituel pouvoir être victime du terrorisme, allait jusqu'à pardonner par avance à son bourreau en ces termes profondément pacifiés : « Et toi aussi, l'ami de la dernière minute, qui n'aura pas su ce que tu faisais. Oui, pour toi aussi je le veux ce MERCI, et cet "À-DIEU" envisagé de toi. Et qu'il nous soit donné de nous retrouver, larrons heureux, en paradis, s'il plaît à Dieu, notre Père à tous deux. »

Il est des morts qui exercent dans nos vies une influence plus grande que des vivants. C'est le cas pour moi d'un de mes amis, prêtre, que j'ai connu au début de l'âge adulte. Nous avions quarante ans de différence et cela compta dans notre relation. En effet, alors que je construisais mon identité d'homme et de chrétien, préférant les ambiances rassurantes où la quête d'identité compte plus que la profondeur de la relation au Divin, il était devant moi l'incarnation de la liberté. Et cela bien souvent m'irritait lorsqu'il était question de la foi. Sa liberté se manifestait d'abord dans sa façon d'être aux autres. Elle l'amenait à vivre une grande cohérence entre sa vie et sa foi. J'en fis l'expérience par le don qu'il me fit de son amitié fidèle. Moi qui me vivais comme un nain devant sa stature d'homme d'Église reconnu et d'animateur infatigable de réseaux intellectuels, amicaux et spirituels, je goûtais à son contact ce que veut dire s'engager dans la relation à l'autre et y rester fidèle. Sa liberté se manifestait aussi dans son rapport au monde, l'amenant à chercher sans relâche, dans les événements de l'actualité, ce qui resterait comme ferment durable de croissance du bien commun. Enfin, et c'était le plus déstabilisant, son parcours de prêtre avait emprunté l'étonnante sinusoïdale que trace le chemin de l'Église au long de la seconde moitié du vingtième siècle. Ordonné en 1948, vicaire en soutane dans les beaux quartiers de l'Ouest parisien, il s'était affranchi, quand je l'ai connu dans les années 1980, de tous les codes cléricaux, dès lors qu'il n'en comprenait plus le sens, et cela heurtait mes fragiles certitudes.

À présent, quelques années après sa mort, qui me causa beaucoup de peine, je vis et intériorise de plus en plus son héritage, particulièrement dans ce que je réprouvais de son vivant. Pionnier de la décléricalisation de l'Église, il est mon guide aujourd'hui dans ma quête d'une foi libre, inventive, qui contemple sans relâche la figure de l'homme Jésus, l'un de nous et plus grand que nous. Je me sens riche de son parcours de vie et de la façon qu'il a eue, par l'honnêteté indéfectible de son engagement amical à mon égard, de me témoigner concrètement de ce qu'être authentiquement chrétien veut dire. Au fond, je dirais que Xavier a été devant moi plus qu'un prêtre, un homme accompli, aimant et vrai. Et ce témoignage m'habite comme un exemple à suivre tout au long de mes jours.

Le prêtre canadien, Jean Monbourquette, a magnifiquement exprimé la façon dont le deuil peut devenir chemin de croissance lorsqu'il écrit : « Si tu poursuis ton deuil jusqu'à la prise de possession de l'héritage, tu seras habité d'une nouvelle présence, reconnaissable à la joie, à la paix et à la liberté qu'elle suscite en toi[1]. » Intérioriser la relation avec la personne défunte, c'est la retrouver en moi à travers les qualités et les talents que je reconnais en elle, que je reçois comme des cadeaux.

1. Jean Monbourquette, *Aimer, perdre et grandir. L'art de transformer une perte en gain*, Bayard, Montrouge, 2011.

IX

Mourir vivant

« Le vrai problème n'est pas de savoir si nous vivrons après la mort, mais si nous serons vivants avant la mort. » C'est par cette formule fulgurante que Maurice Zundel, génie spirituel du vingtième siècle, résume sa thanatologie. À la suite de ce prêtre et théologien suisse, tout de mes expériences, lectures, réflexions et méditations en lien avec la mort me renvoie au même constat : la pensée de la mort m'invite sans cesse à la conversion à une vie davantage en communion avec ceux que je côtoie, le monde qui m'entoure et mon Dieu qui m'a créé et que je cherche. Sans la conscience de ma finitude, je m'assoupis dans un désœuvrement peuplé de distractions, voire de fausses routes. Avec cette conscience, je me sens invité à naître à moi-même en naissant à la vie en Dieu !

Parmi les études sur la mort, il est un domaine qui consiste à analyser les expériences de mort imminente, autrement appelées, selon un acronyme américain, « NDE » (*Near Death Experience*). Ceux qui ont vécu ces états aux frontières de la vie et de la mort, et dont je ne conteste pas les témoignages, nous relatent des visions et des sensations faites de lumière et de douceur englobante, prenant la forme d'un long tunnel lumineux aboutissant à un univers inédit et inoubliable. Pour la plupart, ils ont alors découvert quelque chose de si extraordinaire qu'ils peinent à en revenir et restent, pour ainsi dire, nostalgiques de cette expérience pour le restant de leurs jours.

Personnellement, quel que soit l'Éden que ces rescapés de la mort peuvent décrire, leurs récits me laissent indifférent. Il m'a toujours semblé, en effet, qu'il y a comme une impasse à vouloir scruter l'au-delà. Rien ni personne ne nous en révélera la forme et la nature car cela nous distrairait de notre essentiel, qui est de naître sans cesse à la vie d'un Autre en nous. Et sur ce chemin, la pensée de ma mort est le meilleur allié car, comme l'écrit avec tant de subtilité François Cheng : « Fidèle compagne, la mort nous contraint à creuser sans cesse en nous pour y loger songe et mémoire, à toujours creuser en nous le tunnel qui mène à l'air libre. Elle n'est point notre issue. Posant la limite, elle nous signifie l'extrême exigence de la Vie, celle qui donne, élève, déborde et dépasse[1]. »

Pour donner chair à ce que la conscience de la mort peut produire sur le destin d'un être humain,

1. François Cheng, *Cinq méditations sur la mort*, *op. cit.*

je ne crains pas de convoquer la figure d'un criminel. Son parcours de vie, entre le meurtre qu'il a commis et sa condamnation à mort, soit pendant plus de trois ans, constitue pour moi un des plus incroyables chemins de rédemption qu'il m'a été donné de connaître et de contempler. Pourtant, comme beaucoup de chrétiens, j'ai goûté sans modération, dans ma jeunesse, la lecture des vies de saints. Celles qui relataient le passage de la débauche à la plus extrême sainteté produisaient en moi une qualité d'exaltation particulière. Et dans le panthéon des élus, Charles de Foucauld occupait sans doute une des meilleures places. Cependant, si la distance entre la vie du jeune officier jouisseur et celle de l'ermite du Hoggar est immense, la conversion de Jacques Fesch dépasse, selon moi, en intensité et en vérité tout ce qu'il m'a été donné de découvrir en matière de conversion à la sainteté. Quoi de semblable entre le jeune dévoyé au visage ensanglanté, qui vient de tuer un agent de police dans les rues de Paris, et le condamné à mort qui, du fond de sa cellule, quelques jours avant son exécution, écrit : « De jour en jour, je grimpe vers Dieu, ou plutôt, laissant sa grâce agir en moi, elle me hisse jusqu'au lieu qui m'est fixé pour m'envoler de là au paradis[1] » ? À proprement parler, ce n'est pas la même personne. Et n'allez pas penser qu'il lui était

1. Augustin-Michel Lemonnier, *Lumière sur l'échafaud*, Éditions ouvrières, Ivry-sur-Seine, 1973, p. 115. Extrait d'une lettre de Jacques Fesch à un ami moine.

facile de changer de vie, dès lors qu'il était enfermé, loin des tentations du monde et avec tant à se faire pardonner. Être enfermé et isolé, des années durant, à 27 ans, avec à la fin de sa détention nulle autre perspective que l'échafaud, fut un supplice quotidien duquel les tentations et le retour de l'homme ancien ne furent pas absents. Avoir échappé à la désespérance, dans ces conditions, relève du miracle.

Fils d'une famille aux parents désunis, marié et père par accident, l'homme relit sa courte vie en affirmant : « J'ai le sentiment de n'avoir jamais été libre, réellement libre de choisir une voie ou l'autre [...]. Tout me poussait à fuir, à prendre la voie du large qui conduit à l'abîme[1]. » C'est ainsi que Jacques Fesch planifie, sans vraiment se l'avouer, accompagné de deux acolytes, de dévaliser un agent de change en plein cœur de la capitale, pour se procurer l'argent dont il a besoin pour acheter un bateau et partir naviguer sur les mers lointaines. Le forfait tourne mal et c'est à coups de crosse qu'il tente de faire taire sa victime, avant de se blesser involontairement en tirant un coup de feu. De scénario foireux d'une bande d'irresponsables, le délit va tourner au drame. Cherchant à fuir, au milieu de la foule des grands boulevards, il tire sur un agent qui tente de l'arrêter. L'homme, âgé de 35 ans, tombe, mortellement blessé.

1. *Idem.*

Arrêtons-nous sur la scène du crime et ce qu'elle révèle de son auteur. Fesch, relisant depuis sa cellule la vie qu'il menait alors, la compare à celle d'un mort vivant. Il écrit même : « Ce n'est pas ce jour-là que je suis devenu criminel, c'est bien avant. Je n'ai fait que mettre en pratique ce qui demeurait en moi à l'état latent, et parce que l'occasion s'en présentait. » Or, ce qui demeurait en lui est le fruit d'un déterminisme social, éducatif, héréditaire. Vivant dans la désunion, ses parents produisaient, raconte-t-il, « une ambiance familiale abominable, faite de hurlements dans les moments cruciaux, et de gêne et de raideur après les crises. Pas de respect, pas d'amour ». Ce contexte, qu'il n'a pas choisi, mais qu'il a subi et qui l'apparente aux « cadavres d'humanité » que décrit Maurice Zundel[1], n'excuse pas l'acte criminel mais définit le non-être qu'il était. Homme préfabriqué, homme-servitude, homme programmé pour l'explosion de violence dont il s'est rendu coupable, victime d'une histoire qui n'est pas la sienne. L'inéluctabilité de son crime, Jacques Fesch la situe tant dans l'atrophie de toute volonté en lui que dans une hérédité dont il décrit ainsi les effets : « Les générations peuvent passer, elles transmettront toujours un peu plus de leur déchéance, jusqu'au jour où le mal devient tellement partie intégrante de l'être qu'on ne peut plus agir efficacement et qu'on se laisse emporter dans le tourbillon dévastateur. »

1. Maurice ZUNDEL, *À l'écoute du silence*, Téqui, Paris, 2000, p. 49.

La mise en parallèle de l'itinéraire de Jacques Fesch et de la pensée de Maurice Zundel sur la seconde naissance comme seule voie du salut est audacieuse. En effet, tous ceux, et ils sont nombreux, qui subissent toute leur vie leur moi biologique ne deviennent pas des criminels. Mais reconnaissons a minima, avec Zundel que : « Le moi est une pente vers nous-mêmes où nous sommes constamment englués dans nos automatismes passionnels et où nous tournons constamment le dos à notre liberté et à notre dignité. » Or, si seuls les plus faibles d'entre nous se laissent entraîner à des actes répréhensibles, beaucoup s'enferment dans le refus de la communion et de l'ouverture généreuse, semant par-là autour d'eux un malheur dont ils n'ont même pas conscience. À ce titre, regarder Jacques Fesch en pharisien revient à se sentir totalement étranger à son crime. Le regarder en tant que croyant, c'est, je pense, reconnaître que la pente qui l'a conduit à l'enchaînement dramatique qui a coûté la vie à un innocent est une pente que nous empruntons, à des degrés divers, plus souvent que nous ne voulons nous l'avouer.

En prison, attendant son jugement, dans une cellule, seul et à l'isolement, il va vivre une conversion qui constitue une authentique nouvelle naissance :

> Une main puissante m'a retourné. Où est-elle, que m'a-t-elle fait ? Je ne sais pas, car son action n'est pas comme celle des hommes, elle est

> insaisissable et elle est efficace ; elle me contraint et je suis libre, elle transforme mon être et je n'ai pourtant pas cessé de devenir ce que je suis [...]. Car la créature nouvelle qui a été greffée en moi implore une réponse à laquelle je reste libre de me refuser.

Lui, qui estimait n'avoir jamais été libre, découvre entre quatre murs la seule vraie liberté : celle que donne la vie spirituelle en Dieu.

Tandis que son avenir judiciaire s'obscurcit de jour en jour, Jacques Fesch choisit de laisser le Dieu de Jésus-Christ prendre possession de tout son être, au prix d'un combat spirituel digne des plus grands mystiques. « C'est l'heure des ténèbres, écrit-il à son ami moine, le "lion démoniaque rugissant" rôde autour de moi, guettant sa proie qu'il connaît assez pour être sûr qu'elle sera sienne si un secours spirituel ne venait pas la lui ravir. » Mais c'est aussi, dans cette dernière étape de sa vie, suprême paradoxe, qu'il déclare : « Je vis des heures merveilleuses et j'ai l'impression que je n'ai jamais vécu d'autre vie que celle que je passe depuis un mois [...] vu la brièveté du temps, cette montée vers Dieu se fait beaucoup plus vite que pour un homme qui a encore des années devant soi. » Ou encore : « Depuis près de deux mois, je vis des journées qui valent des années. »

Pure joie et descente aux enfers alternent en lui le jour comme la nuit. Jusqu'aux dernières heures qui précèdent son exécution, durant lesquelles Satan tente encore et toujours de le décourager en le persuadant qu'il n'ira pas au Paradis. En réponse aux assauts du Malin, dans un mouvement intérieur, si souvent répété, il manifeste sans relâche son consentement, son acquiescement à la grâce.

Jacques Fesch, à l'instant où il s'avance vers l'échafaud, est un vivant comme la terre en a peu porté, un immortel vivant, car vivant de la vie même de Dieu. Il y a consenti avec l'héroïsme de ceux qui ne se laissent pas enfermer dans le refus de la grâce que produit le péché. Les conditions ultimes de son existence en prison ont été parmi les pires qui soient : seul, enfermé entre quatre murs, privé pour ainsi dire des nourritures spirituelles auxquelles il aspirait, dans l'attente obsédante de son exécution. Mais paradoxalement, ce sont ces conditions extrêmes qui ont favorisé son ouverture à la joie intense qui a cohabité en lui avec les plus noires ténèbres. Nouveau bon larron de l'Évangile contemporain, il n'est pas étonnant qu'il fasse l'objet, depuis 1987, à l'initiative du cardinal Lustiger, d'une instance en béatification. Car il faut à notre monde un exemple aussi extrême, pour espérer l'éveiller à l'urgence de naître à la vraie vie.

X

Pardonner pour vivre

À LA suite de Zundel, je réalise combien Dieu s'est livré entre nos mains. C'est ce que le théologien suisse qualifie d'enfer chrétien :

> Un Dieu crucifié en nous, si nous refusons de l'aimer. Éternellement crucifié en nous, si nous refusons éternellement de l'aimer. Alors le jugement, ce n'est plus le jugement de l'homme par Dieu, mais c'est le jugement de Dieu par l'homme [...]. Car nous pouvons nous fermer, nous pouvons nous refuser, nous pouvons nous distraire, nous pouvons nous absenter et Il est sans défense contre nous. Et c'est pourquoi le chrétien est chargé du souci de son salut : il ne s'agit pas de se sauver, mais de sauver Dieu de nous [...]. Dieu est Amour, Dieu n'est qu'Amour. Il ne peut qu'aimer et quand l'amour n'est pas aimé, il meurt. C'est ce que Dieu fait[1].

1. Maurice ZUNDEL, *Silence. Parole de Vie*, Éditions Anne Sigier, Sainte-Foy, 1990, p. 73.

J'ai souvent cru que je devrai, au jour de ma mort, me soumettre au jugement d'un Dieu qui n'aura d'autre attitude que de décortiquer, en sondant mes entrailles, ce qui me vaudra des points et ce qui m'en enlèvera. Il en est résulté une tendance prononcée à l'auto-jugement, comme par anticipation de ce qu'un Dieu vengeur ne manquera pas de me faire subir au terme de ma vie. À d'autres moments, au contraire, j'ai fait le choix de jouer la partie sans tenir de marque, pariant, comme Polnareff, que le Dieu à barbe blanche est si bon qu'il fermera les yeux sur mes exactions et m'accueillera sans condition en son paradis. Or, ce qui est proprement fascinant, c'est de réaliser combien l'une et l'autre de ces attitudes partent d'une image déformée de Dieu. L'image du Divin que nous avons tendance à nous forger, avec le prisme de nos psychismes blessés, est aux antipodes du Dieu que contribue à nous révéler Maurice Zundel. L'indignité nous éloigne du vrai Dieu, dont l'amour de ce fait n'est pas aimé.

L'Évangile me livre le portrait de ce Dieu, dans la parabole du fils prodigue, en la personne du père. Un jour, je suis allé à sa rencontre. Ce matin-là, quittant le vent polaire de décembre qui sculpte à la surface de la Neva d'élégantes arabesques je pénétrai, fébrile, dans le musée de l'Ermitage, à Saint-Pétersbourg. À cet instant, je savais que ma visite n'avait qu'un but : trouver, pour le contempler, le tableau de Rembrandt, *Le retour du fils prodigue*. Après avoir semé ma petite famille, refusant obstinément de suivre le circuit imposé par les guides, je me suis perdu dans le dédale des salles, ne suivant que mon instinct. Enfin, il était là, immense et simple à la fois, au bout d'une galerie, se distinguant des autres œuvres par l'afflux constant des visiteurs qui se massaient devant lui. Sombre et lumineux à la fois, il manifestait étonnamment, devant mes yeux, plus qu'un prodige artistique, une présence vivante. J'étais d'entrée comme aimanté par la toile aux couleurs chaudes, au point de ne plus voir la foule qui se pressait autour de moi. Fixant sans relâche la figure du père, bafoué, pillé, rejeté, mais qui pourtant n'exprimait qu'une tendresse incandescente, je fus envahi d'une émotion profonde.

De l'humble visage du vieillard, enfoncé dans un buste voûté, je remarquais le regard perdu dans une douce méditation. À l'image de Jésus face à la femme adultère, désamorçant la violence d'une foule accusatrice et mortifère en refusant de regarder la scène, le vieil homme ne regarde pas le fils qui s'est agenouillé devant lui. Le Divin manifeste ainsi une pudeur infinie devant le pécheur repenti, comme s'il ne brûlait que de l'attendrir, lui que son mal a endurci. En même temps, pressant contre lui le grand corps du mort-vivant qu'est alors son fils, il semble vouloir le faire entrer dans son ventre de père-mère, afin de l'engendrer à nouveau à la vraie vie. Car si le fils prodigue est de retour, c'est encore par le fait d'un calcul égoïste, plutôt que par amour. Tandis que le père, depuis le départ de son fils de la maison familiale, n'a pas cessé de s'user les yeux à scruter l'horizon, dans l'espoir de le voir réapparaître. Et malgré son âge, c'est lui, et non sa jeune progéniture, qui a couru se jeter à son cou, dès qu'il l'a aperçu, pour le couvrir de baisers.

À présent, en le serrant contre ses entrailles, il lui fait goûter la profondeur de son amour inconditionnel. Et ce qui transparaît de cet amour, ce que restituent l'attitude des personnages, les couleurs, ce qui est couché sur cette toile au point de le refléter intensément, c'est la paix. Tout est arrêté, comme figé dans une même béatitude. L'amour qu'incarne le père, symbolisé par ses deux mains, l'une aux traits féminins et l'autre masculins, est si fort qu'il fige la scène dans une éternité de douceur et d'humilité. Ce tableau, en plus d'être une des rares représentations picturales de Dieu, est pour moi une illustration de la seconde naissance dont parle Jésus à Nicodème. Il la représente physiquement et symboliquement, car l'acquiescement du fils, son retour au bercail, suffisent à sa rédemption. Lui qui avait foulé aux pieds l'amour de son père, laissant le vieil homme comme à l'agonie, mourant d'amour pour son fils ingrat, est à nouveau engendré à la vie. En se livrant à l'étreinte paternelle, le fils redonne vie au père qui n'existe qu'en aimant.

L'accompagnement des familles touchées par un deuil nous rend témoins parfois de la résurgence de blessures, reçues ou infligées, qui viennent colorer la façon dont se vit l'adieu. Et nous percevons bien, alors, la paradoxale actualité d'un pardon, à donner ou à recevoir, malgré la mort d'un des protagonistes. Constatant la difficulté à vivre un tel pardon, j'en viens à me demander si, dans un monde devenu étranger à la miséricorde divine, vivre le pardon n'est pas devenu plus dur que jamais ?

Nous pouvons tous le constater, dans la vie familiale, des événements infiniment plus anodins que de dilapider l'argent de son père dans l'inconduite génèrent des brouilles dont on ne se remet parfois jamais complètement. La scène de la rupture tient souvent à peu de choses : une réflexion malheureuse, un jour, et la discussion s'envenime jusqu'à tourner au règlement de compte. On se quitte fâchés et on le reste. Un verrou est placé, qui ferme la porte de la relation. La mort veille et repousse toute velléité de se réconcilier.

Je pense que notre époque est marquée par une propension inédite à rayer l'autre de la carte lorsqu'un conflit survient. D'un trait de plume, en forme de sentence sans appel, le verdict tombe : « C'est fini, je ne le connais plus. » Et c'est si difficile de faire le chemin arrière, à contre-courant, qui mène à la réconciliation, que l'on s'enferme, parfois jusqu'à la mort, dans la prise de distance, voire la rupture. C'est ainsi qu'il m'est arrivé d'accompagner des sépultures auxquelles un ou plusieurs des enfants du défunt n'étaient pas présents du fait de brouilles tenaces. Je crois que cette attitude n'est pas sans rapport avec la difficulté contemporaine à intégrer la finitude de l'existence. On pense, sans se l'avouer, qu'on a le temps de se rabibocher, que l'urgence de choisir la vie et la relation n'en est pas une. Mais qu'au contraire, le repli orgueilleux sur son quant-à-soi est l'option la plus naturelle et finalement la plus durable. Face à la cristallisation des conflits, la mort d'un des protagonistes marque traditionnellement la fin de la brouille ou une simple trêve, qui voit dans tous les cas les belligérants réunis autour du cercueil. Cette convocation symbolique ne fonctionne plus, souvent, de la même manière aujourd'hui.

La mort ferme-t-elle à tout jamais la possibilité d'un pardon ? Puisqu'il faut être deux pour se pardonner, on pense qu'un pardon unilatéral d'un vivant à l'égard d'un mort, dont il se considérerait comme la victime, n'a guère de valeur. Pourtant, je crois que la mort n'empêche pas le pardon, mais au contraire qu'elle le rend plus impératif. En effet, le refus de pardonner enferme dans un ressentiment et un désir de vengeance à l'égard du défunt qui risque de s'enkyster car rien ni personne ne permettra de l'apaiser.

Quant au jugement de Dieu par l'homme, dont parle Maurice Zundel, je le sens parfois à l'œuvre lors des funérailles. Comment Dieu a-t-il pu laisser mourir cette jeune mère ou cet enfant ? Est-il insensible à notre destinée au point de refuser le miracle dont sa toute-puissance, manifestée en Jésus-Christ durant sa vie publique, le rend capable ? Ce Dieu-là n'est pas opérant, il déçoit au point qu'on s'en détourne. Pourtant, Jésus-Christ n'invoque-t-il pas lui aussi son père avant de mourir en croix en lui demandant dans un ultime souffle : « *Eloï, Eloï, lama sabactani* » – « Mon Dieu, mon Dieu, pourquoi m'as-tu abandonné ? »

Dans le deuil particulièrement, l'homme est appelé à découvrir l'autre Dieu, comme la théologienne protestante, Marion Muller-Colard, l'appelle dans son livre éponyme[1]. Avec Job qu'elle rejoint sur son tas de fumier, elle envisage :

> Que personne ne répondit, car ce Dieu de baudruche auquel Job et moi avions confié nos vies dans la fougue de nos jeunesses pimpantes, dans l'enthousiasme d'une vie bordée de perspectives et de promesses, ce Dieu-là s'était dégonflé au premier mot de la Plainte. Et avec Job, tenir longtemps la peau morte de ce Dieu, comme un indice sur la voie d'un autre Dieu.

Quoi de plus dur, en effet, que de faire le deuil, à l'occasion de la perte d'un être aimé, du Dieu assurance tout risque de nos belles années ? Remplacé dans notre imaginaire par le vieillard voûté de Rembrandt, il n'a plus comme toute puissance que l'impuissance amoureuse, qui ne sait que pardonner les offenses et se donner, éternellement.

1. Marion Muller-Colard, *L'autre Dieu. La plainte, la menace et la grâce*, Albin Michel, Paris, p. 18.

XI

Vivre la joie du Ressuscité

ARRIVÉ au terme d'un mois entier dédié à la prière, selon les *Exercices* de saint Ignace, coupé du monde dans un centre spirituel, le retraitant, tel un randonneur, à la fin d'une longue et parfois éprouvante ascension, goûte la joie des cimes et de l'effort accompli. Il pèse déjà le poids de vie de ce qu'il a trouvé, ressenti, intériorisé.

À cet état d'esprit se mêle, de l'avis même de mon accompagnateur qui avait suivi des dizaines de retraitants dans cette démarche, l'appel légitime au retour à la vie normale. Il en résulte, me disait-il, une forme de trépignation et d'affaiblissement de la présence à ce qui est donné de vivre, alors que la perspective de retrouver la vie ordinaire se précise. Si cet état d'esprit est compréhensible, il est dommage qu'il aille de pair avec une relative démobilisation du retraitant, dont l'esprit vagabonde en direction du monde extérieur.

Pourtant, pour la quatrième semaine, saint Ignace n'invite à rien de moins que de vouloir « être touché et éprouver de l'allégresse en raison de la si grande joie et allégresse du Christ notre Seigneur». Autrement dit, alors que le retraitant commence à faire sa valise pour rentrer chez lui, il est invité à goûter profondément la joie du Christ qui reçoit «tant de gloire et de joie» comme exaucement de la longue prière qu'il a adressée à son Père, dans la souffrance, avec une confiance qui ne s'est pas démentie jusqu'à sa mort. Or, déserter cette joie, c'est un peu trahir une pépite de la révélation chrétienne.

N'y aurait-il pas là une preuve supplémentaire de l'existence, dans le christianisme, d'une forme d'incapacité à communier vraiment à la joie du Ressuscité? Personnellement, j'ai souvent pensé que les chrétiens devraient se reconnaître à la joie. Que prétendent-ils dire en effet au monde? Que le fameux mur contre lequel toute vie se fracasse immanquablement est, en réalité, poreux et cache un avenir qui ne connaît ni larme ni peur! Que celui qui le premier a franchi victorieusement ce mur, à l'issue d'un martyre sans nom où toute la violence dont l'homme est capable s'est déchaînée, ne nous lâchera pas la main pour vivre l'ultime naissance qu'est la mort! Que nous sommes libres, à tout instant de notre vie, et à l'instant ultime de notre mort, de choisir d'acquiescer ou pas à l'offre du salut! Or de cette accumulation de nouvelles inouïes, nous faisons, au creux de nos existences, une sorte d'acquis, incommunicable, et qui transparaît bien peu sur nos visages et dans notre façon de vivre.

Les personnes qui accompagnent les sépultures sont amenées à annoncer, non pas seulement une espérance, car ce serait trop théorique, mais surtout une expérience. C'est en effet la seule voie, pour l'annonce à un monde sceptique et rationnel, que celle du témoignage par la preuve. Au moment où un être aimé nous est enlevé, plutôt que les bonnes paroles au sens abstrait et incertain, une présence consolante, aimante, apaisante et rayonnante peut rejoindre et toucher durablement. Et la source de cette présence joyeuse est le Christ ressuscité.

Personnellement, mon expérience des *Exercices* de saint Ignace n'ayant pas été déconnectée de ma vie quotidienne, il m'a été donné de goûter la joie du Ressuscité durablement. Ce fut comme une expérience fondatrice dans ma vie, laquelle s'est nourrie de la contemplation du récit de l'apparition de Jésus, le jour de sa résurrection, à Marie-Madeleine. Si je poussais un peu – et au fond la question de la résurrection, parce qu'elle est intrinsèquement subversive, nous y invite – je dirais que j'ai presque contemplé pendant des semaines un point d'exclamation !

La contemplation évangélique peut en effet s'attacher à tous les détails d'un texte, y compris sa ponctuation. C'est ainsi que dans le récit du jour de la résurrection de Jésus, Marie-Madeleine, venue au tombeau, y trouve un homme, qu'elle prend pour un jardinier et qu'elle suspecte d'avoir subtilisé le corps de son Seigneur. L'homme en question, un inconnu aux yeux de la moins recommandable de tous les disciples, répond à ses propos accusateurs et plaintifs en se contentant de l'appeler par son prénom : Marie. C'est à la fois banal et en même temps troublant. Comment cet inconnu connaît-il son nom ? Mais surtout, est accolé au prénom un point d'exclamation, qui donne un sens particulier à cette interpellation. J'y vois la manifestation du sentiment qui anime le Ressuscité, à savoir une joie immense.

Marie ! Ouvre les yeux et réalise : j'ai passé la mort. J'ai ouvert une brèche dans ce mur infranchissable.

Marie ! Mon père et ton père, mon Dieu et ton Dieu, m'a redonné la vie et te la donne aussi, éternellement, à travers moi.

Marie ! Toi qui as vécu les plus sombres dévoiements, tu peux compter sur moi pour traverser les plus sombres épreuves. Car à travers toi, la pécheresse repentie, c'est toute l'humanité des périphéries que j'appelle en priorité, ceux qui s'excluent du salut tant leur péché leur semble impardonnable.

Marie ! J'ai vaincu par ma confiance en Dieu, et à ma suite, tu feras de même.

Devant Marie-Madeleine, comme en treize autres occasions, pendant les quarante jours qui séparent la Résurrection de l'Ascension, Jésus se montre vivant, mais non immédiatement reconnaissable. S'il mange et boit, car il n'est pas un fantôme, il apparaît et disparaît à volonté, traverse les portes closes. Il manifeste par là une maîtrise totale sur son corps, capacité qui nous est inconnue. Alors que le corps humain symbolise nos limites et nos passivités, le corps du Christ ressuscité semble librement choisi et malléable à sa volonté. Cette capacité de transformation m'enseigne sur le sens de la résurrection.

En relisant ma vie, je réalise combien je n'ai cessé de vivre des naissances qui sont autant d'adaptations à des situations inédites qui m'ont invité à inventer de nouveaux modes d'agir pour m'adapter aux circonstances. Ce furent autant d'occasions de progrès personnels. Parmi ces naissances, la première fut la plus brutale et la plus subie. Expulsé d'un milieu nourricier où je disposais de tout ce qu'il me fallait pour vivre, j'ignorais ce qui m'attendait au bout du tunnel. À l'agonie, se profilera pour moi une ultime expulsion, mais cette fois du milieu qui m'est le plus familier, à savoir mon corps. Dans chaque mutation de mon existence, j'ai été appelé à engager ma volonté afin de m'adapter à un contexte nouveau. Chaque fois, j'ai ressenti l'appel à être acteur de la sortie d'un milieu qui était devenu plus passif afin d'entrer dans quelque chose de plus vaste, de plus complexe, qui exigeait de moi à la fois une plus grande ouverture aux autres et une plus grande intériorisation. Ainsi, la nouvelle naissance dont parle Jésus à Nicodème a été et sera encore à l'œuvre dans ma vie, atteignant son point ultime et culminant avec ma mort, instant où je serai totalement libre de me déterminer moi-même en réponse à l'Esprit. D'ici là, la vie m'offre de multiples occasions de me créer moi-même en réponse à l'amour de Dieu.

Jésus ressuscité n'est pas immédiatement reconnaissable car il a fait, comme chacun de nous le fera à sa mort, le choix libre de son visage pour l'éternité, qui ne peut être, trait pour trait, celui de sa vie terrestre. Si la mort n'a plus prise sur lui, comme elle n'aura pas prise sur nous non plus après notre mort, son nouveau visage reflète cette réalité.

Dans son comportement, tel que nous le révèlent les récits de ses apparitions, Jésus déborde de sollicitude à l'égard de ceux qu'il rencontre. À tous il apporte d'abord la paix, le plus beau des fruits que cherchent les vivants. Il apporte le soin du corps en proposant de manger et de se reposer. Il apporte la félicité la plus terrestre en remplissant les filets des pécheurs, ses disciples devenus ses frères. Ainsi, tombé en terre et mort, le grain de blé porte des fruits.

Aux obsèques de Juliette, nous avons symbolisé la fécondité déjà là de sa mort par des brassées de mimosa posées sur son cercueil. On ne mesure pas assez la profondeur du geste de fleurissement du cercueil. Elle manifeste pourtant quelque chose de très fort : le corps mort, contenu dans la boîte de bois placée au centre de la cérémonie, devient un signe de vie par les fleurs qui sont placées dessus. C'est un peu comme si quelque chose de l'ordre de la germination était déjà à l'œuvre. Le grain mort laisse éclore la vie. Tout cela est symbolique, mais un symbolisme habité. À l'unisson de la liturgie des obsèques qui, par les paroles dites, les chants et la musique ou encore les gestes, tel que celui de l'absoute, manifeste la fécondité du passage, les fleurs posées sur le cercueil expriment aussi le fruit possible de toute mort.

Pour Juliette, le mimosa était aussi une fleur de saison qui disait, au cœur de l'hiver, la permanence de la vie qui n'hésite pas, sous les frimas, à éclater en mille pompons d'or. Or, sous les voûtes monumentales de l'église de ses obsèques, vint le moment où le soleil fit son apparition, en venant transformer le monticule de fleurs en un foyer incandescent. Que cette emphase, cher lecteur, me soit pardonnée. Mais ce que je décris là a été partagé par la nombreuse assistance. Et le sens que j'y mets éclaire à sa juste hauteur notre intention : la conviction, partagée par tant de ceux qui l'aiment, que Juliette ne mourrait pas, trouvait sa première manifestation, au creux de notre communion dans la peine et l'espérance.

Le mimosa dégage aussi une odeur douce, poudrée mais pleine d'énergie et de puissance. Ce fut ce jour-là l'odeur que dégagea Juliette pour nous. Celle d'une vie plus grande qui répand déjà pour chacun son parfum de croissance et d'amour. Et cela me rappelle ce que j'ai lu sur les travaux récemment exécutés dans le tombeau de Jésus, au cours desquels une odeur merveilleuse se serait répandue. Tous nos sens sont ainsi convoqués pour nous initier à la signification de la résurrection, qui est surcroît de vie au cœur de la peine de la séparation.

Conclusion

Avec des années de recul je constate que l'expérience spirituelle qui m'a le plus marqué a pour nom Nazareth. Sans avoir eu besoin de me rendre dans la ville de Galilée où Jésus vécut les trente premières années de sa vie, le parcours des *Exercices* de saint Ignace me plongea dans une longue méditation sur la vie parfaitement anonyme du fils de Dieu. Étrange invitation en vérité, car nul texte n'en révèle le mystère. Tout au plus sait-on, à l'occasion de sa fugue lors du pèlerinage familial au Temple de Jérusalem, que : « Jésus grandissait en sagesse, en taille et en grâce devant Dieu et devant les hommes. » Autant dire que méditer sur Nazareth revient à méditer sur une page blanche. Alors pourquoi les trente jours au cours desquels se déploya ma contemplation restent-ils à ce point gravés dans ma mémoire ?

D'abord parce que j'ai entendu à Nazareth le silence d'une vie cachée qui me révèle la profondeur de la mienne. Le poids de l'existence se mesure à l'aune de celle du jeune Galiléen d'il y a plus de deux mille ans. Nulle tricherie avec la réalité. Dieu n'a pas joué à s'incarner. Et surtout, quelle plus belle preuve d'amour aurait-il pu donner à notre humanité que d'en partager toutes les dimensions ?

Ensuite, Nazareth a été la source d'expériences qui ont marqué la vie publique de Jésus : la tentation, l'enseignement, la rencontre, la liberté devant la loi, la façon de gérer les oppositions, la prière, la relation avec son père… La liste est longue de toutes les situations vécues qui ont façonné l'être qui se révèle au sortir de l'anonymat. Or tout de cette vie, en bien des points semblable à la nôtre, m'invite à prendre mes journées comme le lieu de la révélation du Divin. C'est ce qu'Ignace a résumé dans sa célèbre invitation à « chercher et trouver Dieu en toutes choses ». Dès lors, Nazareth devient l'espace où nous pouvons, à partir de nos occupations de chaque jour, nous identifier au Christ. Face à une question qui se pose à nous avec insistance, nous sommes invités à nous demander ce qu'il aurait fait ? Ou encore, face à telle relation, nous pouvons nous demander comment il se serait comporté ? Nazareth peut nous communiquer la passion du quotidien et de la façon dont nous lui sommes présents.

Personnellement, cela m'amène parfois à vivre des séquences de mes journées comme si elles étaient des exercices spirituels. Prenant alors une forme de recul avec ce que je vis, je me sens invité à être attentif à ma façon d'être dans les échanges. À la fois acteur et observateur de ces séquences, je goûte alors plus intensément ce que Dieu m'offre et me transmet dans la rencontre.

L'urgence de vivre spirituellement indique pour moi un chemin sur lequel toutes les situations de mon existence peuvent être resituées dans une perspective d'éternité.

S'agissant de la mort, Jésus de Nazareth l'a apprise, comme chacun de nous, au lait maternel. Comme nous, il a observé et participé à des rites d'adieu selon la tradition de son époque. Comme nous, il a côtoyé la maladie et la mort de proches et de voisins. Ces expériences l'ont façonné et il les a intériorisées avec l'aide des textes saints. À sa suite, nous sommes invités à construire notre propre rapport à la mort, lequel façonne notre rapport à la vie.

Pour moi, la mort n'a eu que peu de place dans les trente premières années de ma vie. Enfant de la société dite de la mort interdite, je n'ai pas été plus initié que la plupart de mes congénères occidentaux à la découverte de ce que le terme de toute vie peut insuffler à son cours ordinaire. Et puis, par le jeu des circonstances et le choix d'un secteur d'activité professionnelle, j'ai découvert les services funéraires. Pourquoi, après l'effroi des premiers temps devant les réalités de ce métier, ai-je connu une telle conviction et un tel désir de m'engager ? Je m'en étonne encore. Mais, le temps aidant, j'ai compris que l'événement que nous avons la mission d'accompagner recèle paradoxalement des forces de vie inconnues du reste de l'existence. Pourquoi un tel paradoxe ? Que nous enseigne-t-il pour notre vie ?

C'est alors que mon expérience dans les services funéraires prend un relief que je n'avais pas envisagé en commençant. Il m'aura fallu trente années pour réaliser que ce que notre société rejette, comme étant le signe parfait de ce qu'elle exècre le plus, est le lieu d'une révélation résumée ainsi par Etty Hillesum : « En excluant la mort de sa vie, on se prive d'une vie complète, et en l'accueillant on élargit et on enrichit sa vie. » C'est ce paradoxe apparent qui me guide aujourd'hui, notamment dans l'écriture de ce livre. Élargir et enrichir leur vie est un objectif auquel tous nos contemporains aspirent. Mais combien conditionnent l'atteinte de ce bel objectif au fait de se vivre en mortel ?

Après trente années d'engagement dans les pompes funèbres, je pense que le plus beau cadeau que j'y ai reçu, c'est un appel à choisir la vie, l'urgence de vivre. Choisir, vouloir, désirer, sont des verbes qui sont davantage entrés dans mon vocabulaire intérieur à mesure que j'ai côtoyé la peine des personnes en deuil. Et la traduction spirituelle de cette langue nouvelle pour moi est, au travers des *Exercices* de saint Ignace, un goût croissant pour creuser ma façon d'être aux autres, au monde et à Dieu. Il me reste bien des aspects de mon être à convertir et, comme je ne sais pas de combien de temps je dispose pour le faire, je m'en remets à la grâce de Dieu qui me communique tant de goût à exister.

Dans ma recherche du Ressuscité, j'aspire à avoir le cœur tout brûlant en moi, comme l'avaient les pèlerins d'Emmaüs, ces compagnons désenchantés du Christ qui, quelques heures seulement après sa mort, font route avec lui sans le reconnaître. Et c'est a posteriori, dans l'identification du feu intérieur que leur a communiqué l'inconnu qui cheminait avec eux, que les pèlerins ont discerné qu'il s'agissait de Jésus. Il en est de même de mes jours, au cœur desquels la présence de Dieu se révèle en les relisant comme on passe sous ses yeux le film des événements vécus.

Alors oui, la grâce que je demande sans relâche est de conserver, comme un trésor, le cœur brûlant reçu au creux de ma vie spirituelle, afin de ne pas tomber dans l'apathie spirituelle qu'on nomme acédie.